LA VERDAD MUERE DE PIE

RAÚL GONZÁLEZ

LA VERDAD MUERE DE PIE

LO QUE NUNCA ME HABÍA ATREVIDO A CONTAR

Planeta

Escrito con la colaboración de Jacques Giraud

Prólogo: © Militza González
Fotografía de portada: © Gio Alma / Gio Alma Inc.
Créditos de portada: © Genoveva Saavedra / aciditadiseño
Fotografías de interiores: © Archivo del autor
Diseño de interiores: © Juan Carlos González Juárez

Bajo el sello editorial PLANETA M.R.
Avenida Presidente Masarik núm. 111,
Piso 2, Polanco V Sección, Miguel Hidalgo
C.P. 11560, Ciudad de México
www.planetadelibros.us

Primera edición impresa en esta presentación: octubre de 2025
ISBN: 978-607-39-3158-8

Impreso en los talleres de Bertelsmann Printing Group USA
25 Jack Enders Boulevard, Berryville, Virginia 22611, USA.
Impreso en EE.UU. - *Printed in the United States of America*

A mi mamá, Estrella,
y a todas las madres de hijos con grandes desafíos…

Índice

AGRADECIMIENTOS

A todas las personas que han cruzado mi camino: las que llegaron con amor y también las que llegaron con lecciones.

Los que me abrazaron sin condiciones y los que me empujaron —sin saberlo— a crecer.

Los que me inspiraron a volar y los que me hicieron caer para descubrir de qué estaba hecho.

Los que se quedaron, los que se fueron y los que ya no están.

Cada encuentro, cada despedida, cada silencio y cada palabra me convirtieron en el hombre que hoy escribe estas páginas.

Gracias por formar parte —con luz o con sombra— de esta historia que necesitaba contar.

Ustedes saben quiénes son.

PRÓLOGO

Siempre hay una primera vez para todo. He hecho muchas cosas en mi vida como comunicadora social, menos escribir el prólogo de un libro. Así que, cuando mi hermano, Raúl González, me pidió que lo hiciera para *La verdad muere de pie*, no pude —ni quise— negarme.

Lo primero que hice fue leer el borrador con una mezcla de emoción y curiosidad. Debo decir que la lectura fue un ejercicio de catarsis para el alma. Volví a revivir mi infancia y adolescencia desde esa mirada única de Raúl. ¡Mi hermano finalmente escribió un libro! Algo que siempre quiso hacer, pero que había pospuesto por una razón u otra.

Las páginas de este texto recorren su vida desde el nacimiento, pasando por momentos importantes de su infancia y su adolescencia, hasta empezar su actividad profesional en los medios de comunicación en Venezuela. Luego viene la llegada a Estados Unidos hace más de treinta años y su carrera en tierras norteamericanas. Sin embargo, este libro va mucho más allá de solo narrar en primera persona una parte de la vida de Raúl: es un testimonio honesto, sentido y sin pretensiones de sus luchas internas, sus miedos, sus victorias y sus fracasos, los cuales terminaron convirtiéndose en grandes aprendizajes vitales.

La narración sencilla, pero profunda a la vez, arranca risas, reflexiones y —en mi caso— algunas (¡muchas!) lágrimas. Nos invita a pensar sobre los altos y bajos de la vida, pero sin victimizarse. Invita a levantarse siempre. Pase lo que pase. Cada capítulo es un recordatorio de que somos más que nuestras circunstancias, porque lo que nos acontece en la vida siempre termina obrando para bien, aunque en el momento no entendamos por qué ni para qué.

La verdad muere de pie es un canto al optimismo, al amor incondicional de la familia; es un empujón para no dejarnos ahogar por las expectativas de los demás y para luchar por nuestros sueños, no importa lo grandes o imposibles que parezcan.

Espero que cada lector encuentre en este libro algo, una frase, una palabra, que resuene con su vida, que le dé un impulso para seguir. Conozco a Raúl, y sé que, si puede ayudar de alguna manera contando su historia, habrá cumplido con su sueño de inspirar a los demás.

Militza González

INTRODUCCIÓN

La verdad es incómoda. Es cruda. A veces duele más de lo que estamos preparados para soportar. Pero sobre todo, la verdad tiene un peso que, si no se enfrenta, termina aplastándonos. Y yo cargué con la mía durante años en silencio, con miedo, convencido de que, si la dejaba salir, lo perdería todo.

He pasado mi vida entera tratando de hacer reír, entretener, ser esa chispa de energía que la gente espera ver. Y sí, he disfrutado cada momento en el escenario, frente a una cámara o en un estudio. Pero lo que nadie sabe es que atrás de esa imagen de seguridad y confianza había un niño asustado que creció sintiéndose insuficiente, juzgado y muchas veces solo; un niño que aprendió muy temprano que era mejor callar lo que sentía porque el mundo no siempre estaba dispuesto a escucharlo.

Este libro no es una biografía. No es un intento de dar lecciones ni de victimizarme. Es simplemente mi verdad. La que nunca conté. La que durante mucho tiempo pensé que debía ocultar para ser aceptado, querido, respetado. Aquí hablo de las batallas que libré en la oscuridad, de mis adicciones a la comida y el abuso del alcohol en una etapa de mi vida; esos escapes que en su momento parecían mi única salida, pero solo me hundieron más. Hablo de mi vida sexual, y honestamente no porque yo quiera, sino porque es una de las preguntas que más me hacen de manera insistente. Hablo de mi padre y de una relación que fue tormentosa en muchos momentos, llena de silencios que dolían más que las palabras. Hablo del bullying que sufrí de niño, de la forma en que me hicieron sentir que no encajaba, que no era suficiente, que no merecía ser quien realmente era. Hablo de migrar a un país y trabajar en lo que sea, esperando que las oportunidades se manifiesten. Y también hablo del escenario, de cómo en medio del caos encontré en el arte y la comunicación un refugio, un propósito, una manera de sobrevivir cuando sentía que me estaba perdiendo a mí mismo.

Si estoy escribiendo esto es porque sé que no soy el único que ha sentido miedo, no soy el único que ha querido esconderse, que ha usado una sonrisa para disfrazar el dolor, que ha buscado en los lugares equivocados una salida a su propia desesperación. Este libro es para todos los que de alguna manera han sentido que tienen que vivir de rodillas ante lo que los atormenta.

Hoy, después de tantos años, he entendido que la verdad, por más dolorosa que sea, por más miedo que nos dé enfrentarla, merece ser compartida. Porque solo cuando la enfrentamos con valentía dejamos de ser esclavos de ella.

Ya no quiero cargar con más miedos, con más silencios. Hoy elijo contar mi historia. Hoy elijo que mi verdad, por fin, muera de pie.

CAPÍTULO 1

El espejo de mi vida

Tu más profunda preocupación no es que no seas suficiente.
Tu más profunda preocupación es que eres poderoso
más allá de toda medida.

—MARIANNE WILLIAMSON

Soy Raúl González, actor y presentador de televisión. Toda la vida he sufrido de sobrepeso y he llegado a tener 100 libras de más, es decir, unos 50 kilos. Quiero compartir contigo mi historia y, lo más importante, mi fórmula para lograr este cambio.

En las últimas tres décadas he vivido un proceso equivalente a una montaña rusa de pensamientos, emociones y cambios en mi cuerpo. Gracias a Dios descubrí que el problema no era externo, sino interno, y cuando hablo de interno, no me refiero exclusivamente a mis pensamientos y emociones, sino a la falta de conexión con mi esencia o con mi ser verdadero. Hace algunos meses encontré las mejores palabras para explicar a qué me refiero, e intentaré explicar esto de la forma más simple.

Mi esencia es honesta, auténtica y amorosa. En cuanto a mis comportamientos aprendidos, suelo ser perfeccionista, bondadoso, empático, disciplinado, generoso y respetuoso, entre otras cosas, y a veces, la imagen que proyecto es de alguien divertido, emotivo o incluso un poco más responsable de lo necesario. Mi problema es que empecé a *creer* que *era* esa imagen y esos comportamientos, y olvidé mi esencia. En realidad fue algo que asimilé o que me acostumbré a tener como parte de mi convivencia y rutina de vida. Por esta razón decidí escribir mi historia y mi relación con el amante más difícil que tuve por tantos años: mi sobrepeso.

Durante años me encontré atrapado en un ciclo interminable, una narrativa personal marcada por un problema que no solo era físico, sino que se enraizó profundamente en mi autoestima. La lucha constante con la gordura se convirtió en una historia que se repetía, una búsqueda incesante por cerrar ese capítulo que parecía interminable. La necesidad de completar este relato era abrumadora pero, sin saberlo, me sumergía una y otra vez en un laberinto de respuestas falsas y fórmulas mágicas. Me he preguntado muchas veces qué partes de mi historia podrían convertirse en el puente hacia una versión más fuerte y resiliente de mí.

Mi deseo era silenciar el dolor manifiesto por las miradas de juicio y las burlas de las personas. Quería completar, de una vez por todas, la historia de la gordura que había tejido a mi alrededor, como si la solución estuviera al alcance de la mano, esperándome en algún rincón oscuro de mi ser. Pero en mi búsqueda desesperada solo hallaba atajos ilusorios y promesas vacías que aumentaban mi malestar.

El peso que llevaba no se medía en libras nada más, sino en la carga emocional que arrastraba. Mi lucha contra la gordura era en realidad una batalla contra la aceptación de mí mismo, un reflejo de la sociedad que me dictaba cómo debía ser.

En lugar de buscar respuestas superficiales, me sumergí en la raíz de mi baja autoestima. Comprendí que mi valor como ser humano no está determinado por la talla de mi ropa, sino por mi capacidad para aceptarme y amarme a mí mismo. La historia de la gordura se volvió un capítulo en un libro más grande, uno que no solo narraba mi lucha personal, por medio del cual buscaba iluminar el camino para otros que enfrentan desafíos similares.

Así nació este libro, una obra que relata mi experiencia y busca ser faro de comprensión y aceptación. A través de mis palabras quiero ofrecer a otros la guía que yo mismo anhelé en mis momentos más oscuros. Mi historia compartida con el mundo será una herramienta para desamarrar los nudos de la baja autoestima y ofrecer una perspectiva renovada sobre la verdadera definición de amor propio.

En este viaje de autodescubrimiento y redención aprendí que cerrar un capítulo no significa negar su existencia, sino entenderlo, abrazarlo y aprender de él. Es un testimonio de que la verdadera transformación implica cultivar el amor propio y la aceptación incondicional. Siempre recuerdo la frase de la escritora Maya Angelou que dice: «No puedes controlar todos los eventos que te suceden, pero sí puedes controlar tu actitud hacia ellos». Así que a eso voy.

Mis padres

Mi papá tenía una personalidad de contrastes muy marcados: era un hombre alegre, inteligente, contento, dicharachero, echador de vaina, jodedor, entusiasta, atrevido, un guerrero valiente, extrovertido, y por otro lado, explotaba, se mostraba impulsivo, soberbio y rígido. Era de extremos. Recuerdo verlo pasar de la risa al llanto rápidamente; visceral y emocional. Era en un momento el mejor hombre del mundo, y de repente algo lo molestaba y se enojaba. Le decíamos el «Alka Seltzer» porque se enojaba y subía, subía, subía la burbuja. Nunca nos agredió físicamente, pero verbalmente podía ser muy duro; hablaba fuerte y se enojaba y gritaba. Y algo que identifiqué con los años es que incorporé esa personalidad de extremos de mi padre en mi relación con la comida y con el cuerpo físico... una relación de contrastes.

Mi mamá es como dice su nombre: Estrella. Un ángel de la tierra en la tierra, educada, sonriente, siempre con la palabra adecuada. Era y es la amalgama de la familia. Mi mamá era la mujer que ocultaba una que otra travesura mía o de mi hermana porque evitaba el conflicto. Es una mujer alegre, cariñosa, espontánea, que ama incondicionalmente y no conoce el significado de las palabras egoísmo ni rencor. Al reflexionar, debí haber heredado mucho más de la personalidad de mi mamá que de mi papá.

Mis padres se conocieron en un bautizo al que mi mamá asistió como invitada de su hermana, quien en aquel momento estaba de novia de un amigo de mi padre, el padrino del niño.

Se llevaban trece años de diferencia. Era una fiesta bastante animada en la que todos bailaban, y aunque mi padre estaba muy interesado en conocer a mi madre, tenía un pequeño problema: llevaba en su camisa un botón negro, símbolo de que estaba guardando luto por el fallecimiento de su padre. No podía sacarla a bailar.

Él le buscaba conversación, pero otros chicos en la fiesta tenían el mismo interés. Mi mamá cuenta que hubo un punto en que se molestó tanto de ver cómo otros jóvenes se le acercaban con la misma intención y bailaban con ella, que se fue hasta el balcón y, arrancándose el botón, exclamó: «Papá Dios y papá Martín, perdónenme, pero yo a esta muchacha no la puedo perder». Así comenzó su historia de amor, una relación de dos años de noviazgo que culminó en un matrimonio que se convertiría en el pilar de su vida.

A los diecinueve años quedó embarazada por primera vez. Mi mamá cuenta que fue una gestación bastante complicada; el niño se movía muy poco con el pasar de los meses. Recuerda que el médico no tenía la tecnología de hoy para vigilar el sano desarrollo del niño, por lo que, cuando fue a dar a luz, se encontraron con que al bebé le costaba nacer, y cuando lo hizo, notaron que venía con dos vueltas del cordón umbilical sobre su cabeza, por lo que el cerebro no se le formó lo suficiente.

El niño no sobrevivió y mi mamá la pasó muy mal. Pero tres meses después ocurrió de nuevo el milagro. En esta ocasión, ella desconocía que estaba embarazada, así que se fue de viaje en auto a Colombia. Como era de esperarse, tantas horas sentada le pasaron factura en su reciente estado. Cuando llegaron, comenzó a sangrar. Ante tal escenario, el doctor le recomendó que, por su bienestar y el del niño, se regresara en avión a Venezuela, pero nada sirvió: al regresar a Caracas e ir al médico, se dio cuenta de que no había nada qué hacer. Un dolor más.

Fue una situación bastante traumatizante perder dos bebés en tan poco tiempo, y más aún porque mi mamá era una mujer muy joven. Ella desde luego le echaba la culpa a su médico, así que decidió cambiar de consultorio. Alguien le recomendó a otro obstetra, quien la refirió a la Universidad Central de Venezuela para hacerle un examen de toxoplasmosis, del cual salió positiva.

En aquel momento tenía seis meses de embarazo, así que la solución que el doctor le ofreció fue ponerse a gatear para ayudar al niño a tomar posición de parto, a pesar de que en los meses previos había tenido que someterse a un reposo de cama absoluto. Mi mamá cuenta que sintió cómo el bebé se movió finalmente en su vientre una noche, y al ir a consulta dos días más tarde, el doctor le confirmó que el pequeño ya estaba en posición.

Ese niño sí nació, y aún vive. Se llama Raúl, y soy yo.

La noche antes de mi nacimiento, ninguno de los dos pudo pegar un ojo. Mis padres estaban aterrados ante el prospecto de perderme a mí también. Tenían que estar en hospitalización a las 7:00 a.m., con tal mala suerte, que justo los agarró una protesta estudiantil en medio de la calle. Mi mamá estaba tan asustada, y mi padre les pedía a los jóvenes que los dejasen pasar, pues su esposa estaba de parto.

Un joven se subió al capó del coche y pidió a todos que abrieran espacio para dejar pasar porque una mujer iba dando a luz, y así fue que lograron llegar a la clínica. Por supuesto, el tráfico que había en la ciudad tampoco había permitido que el médico llegara a tiempo, pero pidió por teléfono que preparasen a mi madre.

Y ahí estaba ella, con su angustia, llorando, atemorizada porque su doctor de confianza, quien le había ayudado a llegar hasta ese punto, no estaba ahí. Pero yo, que estaba dispuesto a todo, nací con suma rapidez. Mi tía Nena, que en paz descanse, acompañaba a mi madre y se dio cuenta de que estaba en labor de parto, así que le tocó al personal correr con mi mamá al quirófano, donde nací sin mayores complicaciones.

Mi mamá no podía creerlo. Estaba tan aterrada, que lloraba pidiendo que algún pediatra revisara a su hijo. Nadie entendía por qué estaba tan angustiada, hasta que una enfermera le dijo: «Señora, no se preocupe, al bebé ya lo vio el pediatra. Su hijo está perfecto, es un niño hermoso».

Si soy sincero, me gusta pensar en mi nacimiento como mi primera sensación de éxito. Mi llegada a este mundo fue desde la lucha, desde el amor, pero también desde la angustia. Creo que de allí, de todo ese proceso, arrancó la ansiedad que me acompañó durante casi toda mi vida. Esa sensación de agonía constante, esa necesidad de comerme las uñas, ese nerviosismo que no me abandonaba.

De bebé tuve mi primera cirugía, pues nací con el orificio del prepucio muy cerrado, y mi mamá me veía pujar para poder orinar apropiadamente, así que tuvieron que circuncidarme. Luego notaron que mis ojos no estaban bien. Tenía estrabismo. Con un año de edad, el doctor González, de la Clínica Ávila, me hizo una primera cirugía oftalmológica para solucionar el problema, la cual retoqué años después, cuando ya era adulto, justamente con el mismo médico. También usé botas ortopédicas, pero creo que de eso no se salvaron muchos de mi generación. Por si fuera poco, también tuve que pasar por cirugía odontológica, pues tenía unos colmillos supernumerarios en el cielo de la boca.

El trauma de mi nacimiento me condicionó a ser un niño nervioso. Tanto así, que cuando cantaban «Ay, qué noche tan preciosaaaaaaaa», canción predilecta de todos los venezolanos en los cumpleaños, yo comenzaba a llorar. Ni hablar de los payasos en las fiestas infantiles. Les tenía pavor. Tanto así, que una vez me llevaron a una fiesta donde había uno y costó un mundo que me sacaran de abajo de la mesa.

Pero en todo eso había una sola cosa que lograba calmarme: la música.

Cuando ni siquiera sabía comunicarme bien con el mundo, la música me tranquilizaba. Cuenta mi mamá que adoraba escuchar a Billo's Caracas Boys, así que me ponía sus discos para mantenerme entretenido en el corral mientras ella se iba a bañar.

Quienes me conocían se sorprendían porque, con dos años, reconocía las marcas de los detergentes y las leía. Quizás ese fue un síntoma temprano de lo mucho que llegaron a apasionarme los medios de comunicación.

Sobreprotección versus amor

Desde los primeros días de mi infancia, las capas de sobreprotección tejieron un manto a mi alrededor, proporcionándome una sensación de seguridad que en realidad se traducía en una restricción disfrazada. Mis padres, con la mejor de las intenciones, llegaron a confundir el amor genuino con la sobreprotección. Cada acción, cada decisión que tomaban en mi nombre estaba destinada a protegerme de los peligros del mundo exterior por los desafíos que habían pasado en mi nacimiento. Mis experiencias eran limitadas; todo se sobrepensaba antes de permitirme explorarlo. Vivía en una burbuja. La intención era noble, pero el resultado fue la creación de un entorno que coartaba mi capacidad de aprender a enfrentar los desafíos de la vida por mí mismo.

En este escenario, el concepto de amor se tuvo como la idea equivocada de que protegerme significaba mantenerme a salvo de cualquier experiencia que pudiera ser percibida como dolorosa. Sin embargo, esta sobreprotección no solo sirvió para negarme la oportunidad de aprender a afrontar dificultades, sino que sembró las semillas de una relación complicada con mi amor propio, anclándome en una zona de confort que incluía un tranquilizante emocional: la comida. El abrazo constante de esa seguridad artificial me dejó un vacío emocional que, sin saberlo, intenté llenar con la única fuente de consuelo constante que conocía.

Todo lo que viví por la sobreprotección se proyectó claramente en mi lucha con la gordura. Al no poder tomar mis propias decisiones ni aprender de mis errores, mi relación con la alimentación se volvió disfuncional. En vez de darme una base sólida para crecer, sobreprotegerme acabó siendo la causa de mi dependencia emocional a comer, lo que me servía como refugio.

Ahora entiendo que el amor genuino implica permitir que los seres queridos enfrenten sus desafíos y tropiecen en el camino hacia el crecimiento. A través de este relato espero iluminar la vía sobre la necesidad de equilibrar el cuidado con la libertad, fomentando un amor que nutra el desarrollo individual en lugar de limitarlo. El valor de una vida se mide por lo que uno hace con su libertad.

Bienvenida, Militza

El 6 de febrero de 1973 nació la princesa de la casa, Militza. El hecho de que mi mamá quedara embarazada, ya por cuarta vez, era más que una bendición, pues el pronóstico era que no podría volver a concebir después de mi llegada. Y sucedió. El milagro fue doble, y como mi mamá lo contó en el momento: «¿Doctor, cómo está el niño?», y el doctor respondió: «¿Niño? Pregúnteme mejor cómo está la niña». Todas las pérdidas de mi mamá en el pasado habían sido varones, así que, con la llegada de mi hermana, ya se sentían completos.

Mi mamá me cuenta que, desde el primer día que fuimos juntos al colegio, yo llevaba a Militza de la mano, la cuidaba en los recesos y era un protector para ella. Estaba pendiente de que no le pasara nada y hasta de lo que comía. Incluso de adulto, todavía le hablo a mi mamá y me refiero a Militza como «la niña».

Los gorditos son más sanos

Desde pequeños, las creencias son nuestra manera de ver el mundo y nos afectan en cómo respondemos a los problemas diarios. Mi historia estuvo llena de esas creencias del pasado, que no solo influenciaron mi forma de verme a mí mismo, sino cómo me relacionaba con algo tan básico como la comida.

El primer concepto que se grabó en mi mente fue la creencia de que «los gorditos son más sanos». Mis padres, afectados por el miedo generado por las pérdidas pasadas, buscaron en la sobrealimentación de su hijo una suerte de escudo protector contra los miedos de su vida. Esta idea aparentemente inocente actuó como el lente a través del cual percibí mi propia salud y bienestar, modelando mi relación con mi cuerpo y mi alimentación.

Tales conceptos nacen a menudo en la infancia, donde recibimos como esponja todas estas impresiones de nuestro entorno. Mis padres, con la mejor de las intenciones, me transmitieron este paradigma en un acto de amor y protección. La gordura, a sus ojos, se convirtió en un signo de salud. La semilla negativa fue plantada en la tierra fértil de mi mente joven, y con el tiempo germinó y creció, moldeando mi forma de alimentarme durante años. A medida que crecía, este concepto se manifestó en la evaluación que hacía de mi cuerpo como un ser gordo y en la interpretación de los mensajes del entorno: «Qué bello el gordito». El problema empezó cuando creí que todo esto era verdad.

La comida no era simplemente un medio para satisfacer el hambre física, sino un lenguaje para expresar y lidiar con mis emociones. La celebración se vinculaba con la comida: estaba contento y comía. Pero al mismo tiempo, estaba triste y comía, convirtiendo los alimentos en mi refugio emocional.

Desde que tengo memoria he llevado conmigo una sensación que me acompaña a todas partes: no ser lo suficientemente bueno. Recuerdo mis primeros días en la escuela, rodeado de otros niños que parecían felices y alegres. Yo, en cambio, me sentía como un bulto, siempre al margen, tratando de encajar en un molde que nunca fue el mío.

A los tres años ya me sentía diferente. Esas son mis primeras memorias. Me sentía distinto a los demás niños. Desde muy pequeño me era difícil socializar, lloraba a menudo, y creo que las emociones me funcionaban como una forma de hacerme notar frente a los demás.

A medida que fui creciendo, la idea de no cumplir con lo que se esperaba de mí fue arraigándose más y más. Cada mirada, cada comentario, aunque no siempre malintencionado, me dolía y me pegaba adentro. Me comparaba con los demás: ellos podían y yo no. Era como estar atrapado en un espejo distorsionado donde lo que veía nunca reflejaba quién era realmente. La lucha interna ha sido constante. He pasado por momentos en que intenté esconderme, como si mi cuerpo y mi presencia pudieran desaparecer si me mantenía quieto lo suficiente. A menudo me preguntaba: *¿Por qué no puedo ser como ellos?* Esta batalla no era contra mi apariencia nada más, sino contra un concepto de valor impuesto que nunca se alineaba con mi verdadera esencia.

En este primer capítulo he hablado un poco de mi personalidad y de mi infancia, donde la sobreprotección y las nociones tempranas sobre la comida marcaron mi historia. Pero eso es solo el inicio. Ahora me lanzo a un viaje de autoexploración, y quiero llevarte conmigo. Lo que he compartido hasta aquí es algo más que recuerdos; es una oportunidad para un cambio positivo. En los próximos capítulos descubriremos juntos cómo mis experiencias pasadas pueden transformarse en una nueva manera de ver la relación con una adicción —la comida— y su influencia en el amor propio.

Mientras me acompañas en este viaje a lo largo de mi vida, veremos cómo la aceptación puede ser la clave para vivir con mayor conciencia y con un futuro lleno de posibilidades. Tal vez encuentres algo que resuene con tu propia vida o quizás te motive a ayudar a otros en su camino personal. Así que, ven conmigo mientras recorro cada capítulo de mi historia. Esto puede ser una oportunidad para ser más auténticos y cambiar. Al final, en definitiva, la verdad muere de pie.

CAPÍTULO 2

Mi primer descubrimiento: soy gordo

El primer paso hacia la recuperación
es admitir que tienes un problema.
—ALCOHÓLICOS ANÓNIMOS

Antes de contarte cómo llegué a darme cuenta de que estaba gordo, quiero hablarte de algo importante: el descubrimiento. Descubrir algo sobre uno mismo no es solo aprender un dato, es cobrar conciencia. Es como si una verdad profunda se revelara, algo que no habías notado antes y que de repente hace que todo empiece a tener sentido. Yo viví algo así. El descubrimiento no siempre es fácil, muchas veces es incómodo, pero es ese momento crucial cuando dejas de negar lo que está frente a ti. Y cuando sucedió, fue un cambio que me permitió empezar a ver las cosas desde otra perspectiva. Y eso, sin duda, me transformó.

Viví en una especie de negación hasta que, un día, algo cambió. Fue como una sacudida interna: «Esto es real. Está sucediendo». A partir de ese momento empecé a ver mi cuerpo de otra manera. Y no fue fácil aceptarlo. Pasé por distintas etapas: la negación, la tristeza, incluso la rabia. Pero ese proceso, aunque doloroso, fue esencial. Aceptar que tenía sobrepeso fue un golpe fuerte, pero fue el primer paso para poder hacer algo al respecto.

Reconocer que estaba gordo fue un momento clave en mi vida. No se trató meramente de asimilar lo que veía en el espejo, sino de entender todo lo que implicaban los problemas de salud, como la falta de energía, y de qué manera afectaban mi bienestar emocional. Fue el momento en que decidí que necesitaba hacer algo distinto, que era necesario buscar ayuda y cambiar mis hábitos. No se trataba de un simple deseo de perder peso, sino de un compromiso conmigo mismo, de entender lo que mi cuerpo requería y aprender a cuidarlo. Esa toma de conciencia fue el primer paso hacia un camino de transformación personal.

Para explicar lo que me ocurría, quisiera remontarme al comienzo de mi vida, cuando aún no tenía conciencia de mí mismo. A lo largo de mi infancia, mis padres insistieron en que debía alimentarme «bien», tal vez porque para ellos estaba arraigada la idea de que un niño bien cuidado debía comer mucho. Me incitaban a comer con la intención de que estuviera sano; algo comprensible por lo sucedido con mi mamá.

Al ser el primer milagro viviente de la familia, nuestra relación fue muy amorosa, llena de cariño y afecto. La relación con mi papá, con su carácter firme, fue diferente, pues pasé de tenerle respeto a tenerle miedo. Sin embargo, con el tiempo comprendí que mi miedo hacia él no era más que reflejo de mi propia inseguridad y temor al fracaso. A medida que fui creciendo, aprendí a superar ese miedo y a ver en él no a un tirano, sino a un guía amoroso que estaba ahí para apoyarme y enseñarme a enfrentar mi aprensión con valentía y determinación.

En mi familia siempre fuimos un bloque. Éramos cuatro en uno, y hacíamos las comidas juntos. Desayunábamos y almorzábamos juntos, aunque las cenas eran un poco más flexibles, dependiendo de la hora en que mi papá regresara del trabajo. Los fines de semana también comíamos juntos. Entre semana íbamos al colegio por las mañanas, así que comprábamos en la cantina o nos mandaban la merienda.

Al principio, todo parecía divertido. Comencé a ser llamado «el gordito», un apodo que me describía de forma cariñosa. Recuerdo que me decían «compotica» —un término que venía de los envases de comida licuada para bebés—, «Ñoño» —como aquel famoso personaje del *Chavo del 8* de la televisión mexicana—, e incluso me decían «cochinito». Sin embargo, pronto empecé a aprender sobre la crueldad de los niños: las burlas y los chistes, en especial cuando necesitaba quitarme la camisa.

En general, mi casa era mi refugio, mi zona de confort frente a la burla que sufría constantemente en la escuela o en cualquier actividad a la que me inscribieran. Recuerdo mis primeras salidas, cuando la gente se sorprendía al verme comer. A los siete años, mis platos de comida eran verdaderas bandejas, y provocaban la sorpresa de las personas sentadas cerca de nosotros. Recuerdo cuando el mesero me traía de entrada *prosciutto* con melón, de plato principal un *filet mignon* con puré y de postre un bienmesabe, una especie de pastel de tres leches venezolano, y decía: «Pero, ¿él se va a comer todo eso?». Y yo me lo comía con gusto y gran apetito.

Mi problema con la comida era cuando estaba a solas, cuando comía a escondidas. Después de comer, mi mamá y mi papá se echaban una siesta antes de que él regresara al trabajo, y esos eran los momentos que yo aprovechaba. Si la comida me había gustado, la repetía a escondidas, comía lo que podía sin que se dieran cuenta. Sobre todo lo hacía cuando estaba nervioso, ya que, si pedía repetir, mi mamá se negaba, argumentando que ya me había servido lo suficiente para quedar satisfecho. En mi mente pensaba que, al despertar de su descanso, no notarían que había comido de nuevo.

Recuerdo una ocasión en que tendría unos ocho años y mis papás habían comprado unas ciruelas que me gustaron mucho, tanto que las saqué de la nevera y me las metí en la ropa interior para comerlas en mi cuarto. Cuando salí de la cocina, mi papá me vio y me llamó: «Párate un momentico, ¿qué tienes ahí?». Imagínate, yo con el frío en mis partes íntimas; era evidente que había escondido dos ciruelas bajo los shorts. Ahí se dio cuenta de que estaba comiendo cosas a escondidas y me regañó muy fuerte.

Otro ejemplo: cuando mi mamá se metía a bañar, yo aprovechaba para abrir su monedero y tomar un bolívar o dos (en aquella época). Mi hermana y yo bajábamos a jugar con los amigos del edificio, pero yo me iba en secreto al abasto o a la tiendita a comprar chucherías o golosinas de manera desesperada. Sin duda me negaba a mí mismo que lo que hacía fuera incorrecto, pero la adicción y la desesperación me controlaban sin que yo lo supiera. Me pregunté muchas veces por qué no podía parar de comer. Recuerdo claramente que, cuando sucedía esto, luego de comer me acompañaba la culpa. Y como niño, me afectaba aún más.

Comía todo rápidamente para que nadie me viera ni me dijera que estaba haciendo algo que no debía. De nuevo, vivía en negación. Decía que era solo un pequeño antojo, un deseo incontrolado y pasajero, pero en el fondo sabía que era más que eso. Me decía que lo hacía porque tenía hambre, pero en realidad era una forma de escapar de esa sensación de vacío que me perseguía. Era un ciclo de autoengaño, y aunque estaba consciente de que no era saludable, cada mordida oculta se sentía como un alivio, así fuera momentáneo.

A medida que fui creciendo, ya por mis nueve años de edad, se dieron cuenta de cómo empezaba a engordar y de cómo comía de forma desesperada. Ante esta situación comenzaron a restringirme la comida. Me llevaron primero a la dietista y luego a la endocrinóloga, buscando soluciones para que yo entendiera lo que estaba viviendo y pudiera frenar todo el daño que le estaba haciendo a mi cuerpo.

Mi mamá siempre me aceptó como era, desde el primer momento; a ella nunca tuve miedo de decirle la verdad. Pero con mi padre era otro tema. Eran dos polos opuestos. Con mi mamá tenía una relación de protección, amor, aceptación, lo asociado con la figura materna. Las madres son el amor incondicional, y eso siempre está presente, sin importar quién o cómo seas.

Con mi papá, en cambio, dejé de compartir mis problemas. Comencé a ocultarle lo que me pasaba para evitar su dureza. Era un hombre al que admiraba y amaba tanto, que le tenía miedo. Sabía que me amaba, y siempre supe lo que significaba en su vida, pero tal vez por eso mismo no entendía cómo, siendo como era, podía lastimarme. No comprendía cómo alguien que me amaba tanto podía ser tan fuerte conmigo en ciertas ocasiones.

Que una persona no cuente con el apoyo de sus padres y además sienta miedo en lugar de respeto hacia uno de ellos puede tener varios efectos: inseguridad emocional, falta de apoyo, temores, sentimientos de desprotección y vulnerabilidad. Recuerdo haber pensado muchas veces que el problema o la causa de la incomodidad y el vacío en el vínculo afectivo con mi papá era yo. Eso generó en mí una falta de autoconfianza. Ese tipo de cosas te impactan, te afectan y te moldean. Nadie tiene un manual para criar a un hijo.

Me reclamaba constantemente: «Mira cómo estás de gordo». Usaba términos que en aquellos tiempos se consideraban disciplinarios, pero hoy ya no se aplican de la misma forma en la educación que se busca dar a los niños. Las palabras duelen, a veces mucho más que un golpe físico, y sus secuelas pueden durar toda la vida. Nunca le conté sobre mis experiencias en la escuela ni las humillaciones que vivía. Dejé de hacerlo porque le tenía pavor a cómo reaccionaba, a cómo explotaba. Todo tenía que ser perfecto, todo tenía que ser como él decía. Sus reacciones me ponían muy nervioso, y trataba de evitar hacerlo enojar. Era una relación de amor, pero con un autoritarismo y una disciplina que me hacían temerle.

Hoy entiendo que lo hacía desde el amor, aunque él no contaba con las herramientas emocionales adecuadas para conectar conmigo en ese sentido. Lo curioso es que, mientras más me decía esas cosas, más ganas me daban de comer. Era como si se me activara un mecanismo de defensa. Es parecido a cuando les dicen a los fumadores que dejen de fumar porque les hace daño. Ese tipo de peticiones suelen tener un efecto contrario porque llevan a las personas a hacerlo más, hasta por rebeldía. Muchos responden que dejarán de fumar cuando les dé la gana. Algo similar me pasaba a mí con la comida.

Mi hermana Militza, mi amiga, mi confidente

Quiero compartir con ustedes lo importante y especial que ha sido y es mi relación con mi hermana, Militza. Ella siempre fue la antítesis de mí, todo lo contrario a mí: delgada, esbelta y de poco comer. Mi hermana era apegada a la comida saludable, pero eso en definitiva no me separaba de ella. A veces pensaba: *Qué fastidio, Militza siempre pendiente del pan integral*, y yo odiaba el pan integral. Siempre se cuidó de no tener más libras de su peso normal, enfocándose en estar en forma, en línea.

Nos unen experiencias que vivimos juntos: por ejemplo, cuando nos tocaba bailar, o ese primer evento en televisión donde yo toqué el cuatro (instrumento musical) y ella bailó. Ella siempre fue la reina de la casa. Cuando nació, nadie lo esperaba; pensaron que yo sería hijo único. A mis padres les habían dicho que no podrían ser papás de nuevo. Y ella llegó.

Recuerdo las veces que tocaba la mandolina y cantaba con esa voz dulce y privilegiada. Delicada, estudiosa y, lo más importante, mi confidente. Ha sido testigo de muchas etapas de mi vida: de mis temores cuando era niño, de mi enfoque en lo artístico cuando era adolescente.

Con ella salí del clóset por primera vez y lo aceptó de forma incondicional. Siempre he recibido amor y apoyo de su parte, sobre todo en mis momentos incómodos. Ella me empujó a seguir adelante. Siento culpas por ausencias de mi parte, que incluso no he conversado con ella. Recuerdo que no pude estar en la graduación de su carrera de comunicadora social. Que no la acompañé en su matrimonio por el riesgo de viajar a Venezuela debido a la situación política. Mi cuñado, Biaggio, es un ser excepcional, dedicado, honesto, y estoy feliz de que mi hermana lo haya elegido como compañero de vida.

Ella se vino a vivir a Estados Unidos para estar con la familia y encontrar una mayor estabilidad, tranquilidad y seguridad. Mis sobrinos, Vincenzo y Giovanni, nacieron en Miami. Son mis personas favoritas y los amo profundamente. En el momento que escribo este libro, ellos tienen dieciséis y trece años, respectivamente. Con ellos nunca he salido del clóset, pero sé que, cuando lean este libro, entenderán la dimensión de mi silencio.

Mi primera exposición física

Recuerdo que al entrar a la academia de natación Teo Capriles, en Caracas, mi primer gran miedo fue quitarme la camisa y ponerme el traje de baño apretado. Te confieso que no quería verme en el espejo. Me rechazaba. Llegué a odiar mi propio cuerpo, quién era, cómo era, cómo me veía. Crecí traumatizado, deprimido y frustrado. Completamente acomplejado por todo: la ropa, los sobrenombres, el bullying. Podrás imaginarte cómo estaba por dentro, siendo apenas un niño.

Me daba mucha pena bañarme en la piscina o en la playa, y que me vieran desnudo. Eso me pasó constantemente, y mientras fui creciendo, la situación solo empeoró. Además, tenía otras batallas que resolver, como el estrabismo, que también afectaba mi autoestima. Hablaba o decía algo, y mi ojito se iba para un lado, lo que hacía que la gente me preguntara: «¿Estás hablando conmigo?».

Fueron momentos difíciles para mí. Me repetía una y otra vez: *Eres feo, eres gordo*. Los niños me lo decían, y eso era lo más duro. Cuando fui creciendo, lejos de mejorar, mi autoestima solo se fue en picada.

Si soy sincero, el cambio positivo hacia mí mismo comenzó hace pocos años. Nunca me sentí alguien bonito, apuesto, que llamara la atención. A pesar de que la gente solía decir que tenía una personalidad encantadora, nadie decía: «¡Ay, qué lindo es!» o «¡Qué guapo!». Sin darme cuenta, ese tipo de conceptos se fue arraigando en mi cabeza y sentía que no era el «muñequito de la torta», como decimos en Venezuela. Todo eso me generaba tristeza y más ansiedad. Viví durante mucho tiempo atrapado en ese círculo vicioso: *Eres gordo, eres feo, no te aceptas, eres estrábico, usas botas ortopédicas, usas anteojos*.

Por eso, a mí no me gustaba ir a comprar ropa. Evitaba a toda costa el proceso de escoger algo, y cuando lo hacía, acababa frustrado porque lo que me gustaba no me quedaba. Siempre busqué ropa apretada para esconder la barriga. Como puedes ver, el proceso de aceptación no era nada sencillo.

Ahora, con todos mis años y las experiencias que he vivido, y después de haber comenzado un proceso de amor propio, pienso que el espejo puede llegar a ser un enemigo cuando no entiendes lo que ves. El espejo te devuelve tu reflejo, te muestra tu imagen, esa realidad que tanto te cuesta aceptar. Y duele. Ver los rollitos, las estrías, la piel irritada entre los muslos por tanto roce... esa imagen me recordaba las burlas de mis compañeros durante las clases de educación física, cuando llevaba los shorts rojos. No podía correr, me cansaba con facilidad. Era el hazmerreír, y eso, al final, es ser víctima.

Pienso que, si en aquella época el bullying se hubiera tratado como hoy en día, sería millonario de todas las demandas que habría puesto. Recibí muchas expresiones duras, lo que yo llamo «latigazos emocionales», porque cuando eres niño internalizas todo lo que oyes, terminas repitiéndolo y llegas a creértelo.

Nunca me metía en peleas en el colegio. Solo lo hice una vez —justamente en una clase de educación física— porque me hartaron. Recuerdo que un compañero comenzó a burlarse porque no había podido hacer uno de los ejercicios, y después de varios intentos no lo logré. Empezó a soltar una risita y a llamarme «gordita», «Ayyyyyy, la gordita no puede, no puede». Fue entonces que salió de mí una fuerza descomunal, como si un monstruo se hubiera despertado, y le caí encima. Se armó un alboroto, el profesor nos separó y me preguntaron qué había pasado. Yo dije lo que había sucedido y lo suspendieron unos días de la escuela. Para mí, aunque conservaba el dolor del momento, me supo a una victoria porque encontré que dentro de mí había fuerza.

Como toda persona que ha vivido bullying en su niñez y adolescencia, mis años en el colegio fueron muy duros. Todavía tengo recuerdos de esas vivencias, de esas «bromas inocentes» que no eran tan inocentes.

Un refugio entre los aplausos

Desde mis primeros años de vida descubrí que el entretenimiento —cantar, bailar, actuar— era mi manera de encontrar un espacio donde me sintiera aceptado, donde me sintiera querido. En la escuela hice teatro infantil, y esa experiencia fue completamente diferente a lo que vivía en el aula. Desde preescolar, o incluso desde kínder, ya mostraba una inclinación hacia lo artístico. Mi mamá me recuerda que siempre fui talentoso para imitar y actuar, y mi sensibilidad era evidente para quienes me conocían.

Era una situación que contrastaba enormemente con mi experiencia escolar, sobre todo en lo relacionado con los deportes. Nunca quise hacer ejercicio, ¡lo odiaba! Siempre encontraba una excusa para evitar la clase de educación física, hasta fingir que tenía un ataque de asma. Sí tenía asma, pero no solo asma alérgica, sino emocional. Aprovechaba cuando no tenía un ataque real para simularlo, solo para que me dijeran, «siéntate» o «tranquilo».

Todo lo que implicaba actividad física me parecía un reto porque me exponía a los demás, y los niños eran muy crueles conmigo. Creo que todo eso era también indicio de muchas cosas que descubriría más adelante en mi vida, pues desde pequeño sentía que no tenía la misma fuerza que mis compañeros, que había algo diferente en mí.

De vuelta a los deportes, no podía jugar béisbol por mi estrabismo; me costaba atrapar la pelota y no sabía batear. Tampoco pude jugar ping-pong; la pelota siempre me pasaba por un lado. Con tantas situaciones así, era evidente que aborrecía hacer deporte; lo veía como un sacrificio, un reto inalcanzable. Y por si fuera poco, no podía jugar fútbol porque, siendo tan gordo, no podía trotar y me cansaba con facilidad.

Me di cuenta de que cantar y bailar se me daban mucho mejor que cualquier deporte. Hacer abdominales, saltar, correr... todas esas actividades físicas eran una lucha para mí. Mi gordura me lo impedía, y al mismo tiempo me daba vergüenza no poder hacer lo mismo que los demás. Recuerdo que lloraba mucho en el colegio, sintiéndome horrible.

Cuando tenía siete años, mis padres me inscribieron en karate como parte de un intento de disciplina. Y para evitar los combates, me rompí adrede una uña del dedo gordo del pie derecho. Le tenía miedo a enfrentar los desafíos, a todo. Era como si viviera atrapado en una espiral de trauma, vergüenza y un sentimiento de no merecer. Esto me llevaba a obsesionarme con la comida, creando un círculo vicioso del que no podía salir.

El entretenimiento, por otro lado, era más fácil para mí. El dolor, la tristeza y la ansiedad desaparecían cuando bailaba o cantaba. En esos momentos recibía la atención positiva, el aplauso, los comentarios de aprobación. Sin embargo, por ser niño me etiquetaban como «El gordito que canta», «El gordito que actúa», «El gordito que imita», «El gordito que sale en la televisión», «El gordito que hace teatro», y esas etiquetas se me quedaban pegadas, una tras otra.

A pesar de todo, el espectáculo se convirtió en una protección total. Era el único lugar además de mi casa donde me sentía querido y aceptado. En el escenario no me criticaban. Al contrario, era el espacio donde podía ser yo. Recuerdo cuando tenía siete años y les pedí a mis padres que llamaran a la oficina de producción del programa de la estrella infantil de la televisión venezolana, el famoso payaso Popy, un personaje que cantaba, bailaba y entretenía cada tarde a las familias de mi país, interpretado por Dioni López. Tuve la oportunidad de ir y cantar en dos ocasiones a los estudios de RCTV (Radio Caracas Televisión), en Quinta Crespo. Mi admiración era tan grande, que tenía un afiche de Popy en mi cuarto.

Era mi ídolo, y se convirtió en un símbolo, en una figura icónica que me inspiró más adelante a soñar con tener mi propio programa infantil.

Desde el primer instante en que mostré mis dones y no recibí una burla, cada vez que salía y recibía el aplauso y el cariño de la gente en el teatro sabía que había encontrado el espacio donde realmente quería estar.

El escenario y comer completaban ese vacío que siempre sentía. Aprendería con el tiempo que la verdadera solución no vendría de un plato de comida ni de un escenario ni de las luces brillantes, sino de un viaje hacia la aceptación personal, el amor propio y mi crecimiento espiritual.

Hoy, con madurez y el camino recorrido, tengo claro que el entretenimiento es parte de mi propósito de vida. Mi voz en el escenario es poderosa, pero mi voz interior debe ser aún más fuerte, guiándome hacia una vida más plena y auténtica.

CAPÍTULO 3

El bullying no tiene fronteras

Cuando te enfrentes al bullying,
recuerda que las personas que lo hacen
son a menudo las que más necesitan amor.
—Michelle Obama

Mis padres, como muchos, querían lo mejor para mí. Pero cuando se trata de admitir que un hijo tiene problemas, la negación puede ser poderosa. Recuerdo con claridad los primeros indicios de mi sobrepeso, pero mis padres parecían no notarlo o simplemente lo pasaban por alto. Para ellos, yo era un «gordito», no alguien con un problema real.

«Es solo una etapa», decían, mientras yo seguía acumulando libras. Minimizaban el problema creyendo que eventualmente perdería ese peso extra sin necesidad de intervenir. A medida que mi peso aumentaba, la negación de mis padres se transformó en una resistencia a aceptar la responsabilidad. Culparon a la genética, al metabolismo, a la falta de actividad física... a todo, menos a la verdad incómoda: que mi relación con la comida estaba fuera de control.

El cambio era algo que ninguno de nosotros quería enfrentar. La idea de ajustar nuestra rutina familiar, de abordar de frente el problema alimenticio, parecía abrumadora. Pero al final llegó el momento en que mis padres aceptaron la verdad, después de años de negación, y reconocieron que mi salud y mi bienestar estaban en juego.

A los once años, mis padres, ya desesperados, decidieron llevarme con una nutricionista, pues no entendían qué me pasaba. Josefina Rondón me atendió. En esa cita aprendí la palabra que más me ha hecho sufrir en la vida: dieta. La doctora me recetó un multivitamínico que sabía horrible. Recuerdo que en esa primera dieta solo podía comer pollo y ensalada. Lo que más me dolió, me costó y me afectó fue que me quitaron el azúcar. ¡A mí! Que no podía vivir sin los chocolates ni los postres. Pero todos estos planes quedaron en suspenso porque nos venía como familia una nueva aventura.

Mi primera mudanza a Estados Unidos

A comienzos de los años ochenta trasladaron a mi papá a Estados Unidos, a la ciudad de Miami, con la idea de abrir una sucursal de una reconocida empresa de jugos de frutas procesados. Fue uno de los dueños quien le propuso abrir una sucursal en Florida y llevarse al núcleo familiar para no separarnos. Imagínate lo que significó para mí, que en ese entonces veía Estados Unidos como la tierra mágica, la tierra de Mickey, la tierra de Disney. Mis expectativas al mudarme de país eran enormes y me inundaba una gran emoción. Cuando tienes nueve o diez años, lo ves como una aventura.

Fue un punto de quiebre para toda la familia, y en especial para mí, porque significaba salir de mi país y abandonar lo conocido. Aunque nos mudamos con todas las comodidades, eso no hizo menos difícil la situación. Sentí un fuerte encontronazo con el idioma y con los niños estadounidenses, que son mucho más duros que los latinos.

Fueron años que viví con la sensación de no pertenecer, lo que me llevó a desarrollar aún más mi adicción por la comida: me había encontrado con los grandes postres, las grandes comidas y las hamburguesas. Ten en cuenta que, con mi problema, para mí fue como cumplir el sueño americano, en particular por la abundancia de comida chatarra y ultraprocesada de las grandes cadenas.

Estados Unidos siempre me había llamado la atención, pero esos años fueron muy traumáticos para mí. Tenía mucho miedo ante la incertidumbre de no saber qué iba a pasar en ese país desconocido, pues lo había visitado en vacaciones nada más.

Me enfrentaba a un idioma que no conocía, y en un colegio nuevo de la noche a la mañana, donde no entendía *ni papa,* además de tener que lidiar con unos niños que, aparte de burlarse de mi gordura, se reían de que no dominara el idioma.

Era el combo completo. Si a eso le sumas el sentimiento de añoranza por Caracas, extrañar a mi familia, a mis tíos, a mis primos —pues siempre fuimos una familia en extremo unida—, se convirtió en un complejo muy grande, tanto para mí como para mi hermana. Pero al final resultó ser algo positivo para nosotros, ya que terminamos aprendiendo inglés, una herramienta que me sirvió muchos años después, cuando regresé a cumplir mi sueño.

Era un inmigrante con un elemento adicional a todo lo anterior que mencioné: el bullying. Esto marcó profundamente mi vida. Desde mi perspectiva como inmigrante luchando con un trastorno alimenticio, el bullying era mucho más que solo palabras hirientes o miradas de desaprobación. Cada burla, cada comentario despectivo sobre mi peso o mi apariencia se convertía en una burla a mi identidad y una herida en mi autoestima. Mi relación con la comida también se transformó en el blanco perfecto para quienes buscaban hacerme sentir diferente o menos que los demás.

Mi vida en esa etapa en Miami transcurrió entre nuestra casa —donde éramos cuatro personas constituyendo un solo bloque: papá, mamá, mi hermana y yo— y el colegio. Mis padres nos inscribieron en el Winston Park Elementary School. De hecho, tiempo después pasé algunas veces por allí para recordar esa etapa.

Al pasar al sistema educativo de Estados Unidos, obviamente todo cambió. Por ejemplo, me llamaba muchísimo la atención cómo eran los salones: tenían alfombra, y cada alumno tenía más de un escritorio; el pupitre era una mesa cuadrada para cada niño, con un sistema interno. Y había todo tipo de actividades.

La diferencia cultural era enorme. En Latinoamérica, uno tiene la figura de «la maestra», «la seño», «la señorita», que de alguna manera te cuida, te protege y te enseña. En mi experiencia como estudiante en Estados Unidos, las maestras enseñan, pero los métodos son muy distintos. Uno de mis recuerdos más traumáticos como estudiante latinoamericano en Estados Unidos fue aprender a dividir números, una operación matemática completamente diferente a como me la enseñaron en Venezuela.

Luchar contra las sombras

El aire en el pasillo de la escuela se volvía más pesado con cada paso que daba. Cada risa sutil, cada mirada furtiva se clavaba en mi piel como espina afilada. Me sentía atrapado en un laberinto de burlas y miradas de desprecio. Así era la escuela para mí, un lugar donde mis diferencias se magnificaban y mi identidad parecía desvanecerse entre los susurros de aquellos que se sentían superiores.

Cuando llegué a este país esa primera vez, apenas podía articular unas cuantas frases en buen inglés. Mi acento latino se convirtió en mi marca, en mi estigma. Cada palabra mal pronunciada era motivo de risas y gestos de desprecio. Y mi cuerpo... bueno, mi cuerpo no cumplía con los estándares de belleza que parecían dominar el patio de recreo. Ser gordo no solo era una característica física, sino una invitación abierta al chiste.

Recuerdo una celebración en que debíamos llevar comida típica de cada país, y mi mamá decidió hacer una bandeja de arepitas venezolanas. Al finalizar el evento, el único que se las comió fui yo. Ninguno de los otros niños las probó. Me sentí rechazado y discriminado. Constantemente me preguntaban si en mi país había carros o teléfonos. Por momentos, yo no sabía si la intención era real, si querían la información y conocer mi país, o era burla.

Me encontraba atrapado en un torbellino de emociones. La vergüenza se aferraba a mí como una sombra, siempre presente, siempre recordándome que nunca sería suficiente. La ansiedad se apoderaba de mi pecho cada vez que me veía frente a una nueva situación social, anticipando el juicio y la reprobación. Y la ira... una ira disimulada ardía dentro de mí, alimentada por la impotencia de no poder detener la crueldad que ejercían sobre mí.

En cada mirada al espejo veía un reflejo distorsionado de mí mismo. ¿Quién era realmente? ¿Era solo el niño gordo y torpe que todos parecían ver en los ejercicios físicos, o había algo más, algo que valiera la pena? La pregunta resonaba en mi mente, pero las respuestas parecían esquivarme, perdidas en un laberinto de dudas y autodesprecio.

El aislamiento se convirtió en mi refugio, una barrera entre el mundo, que parecía empeñado en hacerme daño, y yo. Me refugiaba en los libros, en los discos que me había traído de Venezuela con mi música preferida, que escuchaba en un tocadiscos Fisher-Price.

Me escondía en las historias que me transportaban a mundos lejanos, donde las diferencias eran celebradas, no castigadas, y en los personajes que podía interpretar. Pero incluso ahí sentía la sombra del acoso acechando en las esquinas de mi mente.

En algún lugar dentro de mí, aún ardía una chispa de esperanza, una pequeña voz que se negaba a rendirse, que me recordaba que era más que las etiquetas impuestas por otros. Pero esa chispa luchaba por mantenerse viva en un mar de oscuridad y desesperación. Así pasaron los días, las semanas, los meses… en una lucha constante contra las sombras que amenazaban con devorarme por completo. Pese a eso, seguía adelante, aferrándome a la esperanza de que algún día encontraría la luz al final del túnel. Pues, aunque me sentía solo en medio de la tormenta, sabía que dentro de mí ardía una llama de resistencia, lista para iluminar el camino hacia un mañana mejor.

Hoy puedo decir que sentí miedo, que viví bullying, rechazo. En aquel momento no había tanta comunidad hispana en el colegio donde estaba, así que me resultaba un poco difícil comunicarme. No me entendían, no podía darme entender y yo no los entendía a ellos.

¿Cómo experimenté bullying?

El bullying es, sin duda, una forma de acoso, de maltrato por parte de una o varias personas contra otra, tanto a nivel físico, como mental y emocional. Es una de las experiencias más duras que un ser humano puede vivir, sobre todo para un niño. A esa edad no tenemos las herramientas ni la «calle» para manejar esta forma de acoso. En mi caso, tuvo mucho que ver con mi aspecto físico: mi gordura y mi estrabismo. El bullying definitivamente hace daño.

Creo que el alma queda como cuando se rompe un plato o una vajilla. Se puede ir pegando nuevamente, pero al final esas marcas permanecen y las consecuencias pueden ser terribles, sobre todo cuando no se tiene la capacidad de defenderse.

No puedo olvidar que había un par de niñas que se burlaban de mí: Tracy y Anne. Era dificilísimo lidiar con ellas. Se burlaban hasta del nombre de mi país, en fin... Me trataban tan mal, que me hacían extrañar mi escuela pequeña, donde había crecido y estudiado en Venezuela.

Ese año y medio de educación primaria en Estados Unidos fue una mezcla de emociones. Recuerdo que algunos compañeros de clase nos llamaban a los latinos «indios». Una vez me pidieron cantar el himno nacional de mi país y lo hice con mucho orgullo, pero lo único que vi fueron las caras de los niños riendo y burlándose. Así como hacía en Venezuela, también me saltaba las clases de educación física inventándome ataques de asma. El colegio al que asistía estaba dentro de un campo muy grande, donde se practicaba de todo, desde *kicking ball*, hasta fútbol. El *kicking* era una actividad más para niñas, pero allí lo practicábamos niños y niñas. Al ser el gordito de la clase, me traumaba porque el hecho de patear, correr o atrapar la pelota llevaba a mis compañeros a burlarse de mi torpeza. Nunca querían que yo estuviera en el equipo cuando hacían la división de grupos para entrenar.

Me acuerdo que tenía un profesor de PE *(physical education)* que se parecía a Tom Selleck, el de la serie de televisión *Magnum*. Siempre me decía: *You gotta run, you gotta run*, tienes que correr, tienes que correr. El hombre era un *coach* de deportes y, por tanto, durísimo conmigo. Yo lloraba mucho porque no podía cumplir con lo que me pedía, además de que no me sentía aceptado. Era una situación muy triste, porque quería pertenecer, pero no pertenecía, y me sentía mal. ¡Qué época tan dura!

Mi intención no es victimizarme con estos recuerdos que comparto, pero todo eso continuaba alimentando la desconfianza en mí mismo y mi baja autoestima. Y si tú, que fuiste gordito o gordita en tu infancia, o tuviste algo que te diferenciaba de otros niños, o eres papá o mamá de un hijo o una hija que sufre bullying, presta más atención a la comunicación y el afecto con tus hijos. Te lo comparto porque de mí no salió decirles una palabra a mis padres. No puedo negar que tenía miedo. Tenía servido en la mesa el desayuno, el almuerzo y la cena para el bullying: una forma de hablar diferente, mi origen latino y la gordura.

El bullying no solo ocurre en las aulas o en los pasillos de la escuela. También se esconde en las miradas de los desconocidos en la calle, en los comentarios insensibles de los compañeros de trabajo e incluso en las imágenes retocadas que inundan las redes sociales. Cada vez que me enfrento al recuerdo del rechazo o la discriminación debido a mi apariencia, siento como si mi identidad estuviera siendo cuestionada y mi valía como persona estuviera en duda.

Muchas veces me pregunté: ¿qué puedo hacer para proteger mi salud mental y emocional en un entorno que constantemente me recuerda mis diferencias? ¿Cómo puedo encontrar el coraje para enfrentar el bullying y defenderme sin sucumbir al peso abrumador de la vergüenza y la culpa?

El bullying no discrimina: afecta a personas de todas las edades, géneros y orígenes. Pero como inmigrante con un trastorno alimenticio, el impacto de ese acoso se magnificaba, creando una barrera adicional para mi integración en esa nueva sociedad. A pesar de este desafío, con mi estilo abierto, humano y confiable, logré interactuar con las personas. Sin embargo, sé que no estoy solo en esta lucha. Con apoyo y comprensión, pude encontrar la fuerza para enfrentar el acoso y defender mi derecho de ser tratado con respeto y dignidad, independientemente de mi apariencia y mi origen.

Pero en aquellos años de mi infancia, las bolsas de papas fritas crujientes, las hamburguesas y el helado se convirtieron en mis compañeros más fieles, siempre dispuestos a consolarme en los momentos de angustia. Cada bocado era un escape temporal de la realidad, una distracción del tormento constante que me rodeaba.

Me escondía en la comida chatarra como un niño se esconde bajo las sábanas en medio de la noche, en busca de protección contra los monstruos que acechan en la oscuridad. Pero así como las sombras del temor al bullying siempre regresaban al amanecer, el consuelo efímero que encontraba en la comida chatarra pronto se desvanecía, dejándome con un vacío todavía más profundo en el alma. No hay nada más peligroso que la gente que vive de apariencias.

Con el tiempo, mi relación con la comida se volvió más compleja. Mientras me ahogaba en un mar de calorías vacías y emociones desbordadas, me di cuenta de que la comida chatarra nunca podría llenar el vacío dentro de mí. Por más que intentara sofocar mis penas con montañas de comida grasosa, seguía sintiendo ese hueco en el corazón que ninguna cantidad de comida llenaba. Aunque la comida chatarra me ofrecía un respiro fugaz de mis problemas, también me robaba mi salud y mi autoestima. Fue entonces cuando comprendí que, para sanar de verdad, necesitaba encontrar una forma más saludable de enfrentar mis emociones y superar los desafíos. Así comenzó mi viaje hacia la curación, con la certeza de que el camino sería largo y doloroso, pero con la esperanza de que algún día hallaría la paz que tanto anhelaba.

Los padres pueden experimentar una amplia gama de emociones al enfrentarse a la realidad de que su hijo tiene problemas alimenticios y de sobrepeso. Muchos padres también evitan hablar de la situación por miedo, vergüenza o ansiedad respecto al bienestar de su hijo. En mi caso, evité durante muchos años enfrentarme a mi propio desorden alimenticio, y también a mi orientación sexual. Si yo mismo lo evadía, ¿qué podía esperar de mis padres? Ellos hicieron lo mejor que pudieron con las herramientas que tenían. Es importante ser compasivos con nuestros padres por no sentirnos entendidos, aceptados y respetados.

Al año y medio de estar en Estados Unidos ocurrió la primera devaluación brusca del bolívar en febrero de 1983. Los costos se dispararon y a mi papá le dijeron que regresara, así que tuvimos que volver a Venezuela. Al regresar a Caracas nos mudamos al departamento donde habíamos vivido desde que nací: dos habitaciones más el cuarto de servicio. Yo dormía con mi hermana pero, a medida que crecí y me desarrollé como adolescente, por supuesto comenzaron a habilitar el cuarto de servicio para mí. Ese cuarto estaba al lado de la cocina, lo que me permitió tener acceso directo a la comida.

Los inicios de mi adolescencia y el grupo Menudo: entre la admiración y el temor

Cuando tenía entre once y doce años, había algo dentro de mí que no entendía completamente, pero que ahora puedo ver con mayor claridad. El grupo Menudo me encantaba. Había algo en su música que me hacía sentir vivo, y despertaba algo en mí que no sabía cómo canalizar. Me llamaba la atención su energía, su forma de moverse, de cantar, su estilo único. Cada vez que los veía, sentía que estaba viendo un reflejo de lo que deseaba ser: libre, sin miedo, lleno de energía juvenil.

Pero no todo era tan claro y sencillo. La gente a mi alrededor comenzaba a comentar mi obsesión con Menudo, y aunque para ellos era solo una moda pasajera, a mí me preocupaba. No entendían por qué un niño como yo, con todas las inseguridades propias de la adolescencia, se enganchaba tanto con un grupo que para ellos no tenía mayor significado. «¿Por qué te gusta eso? Deberías ver algún deporte», me decían. Esas palabras me hacían sentir extraño, como si hubiera algo malo en mí por tener ese gusto. Y esa ansiedad crecía porque sentía que mi fascinación con Menudo no solo era algo trivial, sino que me exponía a ser juzgado y rechazado.

Pero eso no era todo. Había una capa aún más profunda en ese miedo y en esa vergüenza que sentía; era algo más complejo que no sabía cómo entender en ese momento. Mientras me veía deseando ser como alguno de ellos, me daba cuenta de que mi corazón sentía además empatía. Sin saber cómo manejar esa parte de mí, todo se entrelazaba: la vergüenza por ser visto como diferente por admirar a Menudo y el temor de que alguien pudiera descubrir mis sentimientos.

Recuerdo cómo esas inseguridades se manifestaban en mí, y cómo, al no poder lidiar con ellas de otra manera, volvía a la comida como refugio. Cada vez que sentía esa presión, esa ansiedad por no encajar, me refugiaba en la comida. Comía para llenar el vacío, para calmarme, para aplacar esa voz interna que me decía que no estaba a la altura de lo que los demás esperaban de mí.

En mi mundo, disfrutaba escuchar a Menudo, aunque nunca me atrevía a decirlo en voz alta porque, ¿cómo podía ser tan vulnerable y admitir que algo tan trivial me causaba tanta felicidad? Me sentía atrapado entre dos deseos opuestos: por un lado quería ser yo mismo, disfrutar de lo que me hacía feliz, pero por otro temía ser rechazado por quienes me rodeaban.

A medida que avanzaba la adolescencia, las preguntas sobre mi identidad y mi orientación se volvieron cada vez más profundas. Hoy, al mirar atrás me doy cuenta de cómo esas pequeñas batallas de juventud, esas inseguridades, nos definen de alguna manera.

Menudo, mi banda de la adolescencia, representaba algo mucho más profundo que solo música; representaba mi búsqueda de identidad, de aceptación y de una forma de canalizar mis emociones sin saber exactamente cómo hacerlo. Pero también era un recordatorio constante de lo difícil que es ser uno mismo cuando nos controla el miedo al juicio ajeno, al rechazo y a nuestra propia verdad.

CAPÍTULO 4

El rey del engaño en acción

La mentira es un laberinto:
cuanto más avanzamos en ella,
más lejos estamos de salir.
—Octavio Paz

Cuando tenía trece años empezaba a entender lo que significaba crecer, pero también me encontraba luchando con un problema que me superaba. Intenté adelgazar por todos los medios, desde pastillas hasta dietas extremas.

Mi regreso a Venezuela estuvo lleno de más complejidades que de la energía de un feliz retorno. Me sentía como un extraño en mi propia piel, tratando de encontrar mi lugar en un mundo que parecía moverse demasiado rápido para mí. Esa confusión reforzaba el hecho de que la comida era mi refugio; además, no era solo la forma de alimentarme, era una forma de descontrol, de no calmar mis miedos y ansiedades en un momento en que todo era desconcertante.

Pero pronto esa relación con la comida se tornó peligrosa. Comencé a preocuparme más por las calorías que por el sabor de la comida, más por las libras que por mi salud. Cada comida se convirtió en una batalla interna entre el deseo de comer y el miedo a ganar peso. Y aunque sabía que necesitaba ayuda real, me resistía a buscarla, persiguiendo «asesorías». Admitir que tenía un problema significaba enfrentar una verdad incómoda, una realidad que prefería ignorar.

El problema de «comportarme como un buen niño»

La orden que más escuché de mi papá siendo niño e incluso en la adolescencia fue: «Hay que portarse bien y las cosas hay que hacerlas bien». Al menos en mi experiencia, no era tanto el hecho de obedecerlo, sino la sensación de saberme pequeño al ver su cara de desaprobación. Un simple gesto de desagrado o una mala cara de mi papá hacían que mi mundo se hundiera. La sensación de error, de no ser suficiente, se convertía en un hueco enorme de inseguridad que generalmente llenaba con algo de comer o con el mandato de «portarme bien» y «ser bueno». Las frases que siempre me repetía en la cabeza eran:

Hay que hacerlo mejor que bien.
Hay que hacerlo con buena cara.
Hay que hacerlo sin causar problemas.
Hay que estar callado.

Estas frases se convirtieron en disfraces que ocultaban mi baja autoestima e inseguridad. Para no sentir que le generaba problemas a mi papá empecé a buscar soluciones externas. Pasaba horas buscando dietas y trucos para perder peso rápidamente. El bullying se convirtió en una parte inevitable de mi vida, primero en Estados Unidos y ahora otra vez en Venezuela. Los comentarios hirientes y las burlas de mis compañeros solo reforzaban mi creencia de que no era lo suficientemente bueno, ni esbelto ni digno de amor y aceptación.

¿Qué significaba para mí buscar soluciones externas a mi obsesión por comer? Significaba perderme a mí mismo en un intento desesperado por encajar en un molde que la sociedad había creado para mí. Significaba ignorar las señales de advertencia de mi propio cuerpo y buscar respuestas en los lugares equivocados. Significaba sentirme solo y vulnerable en un mundo que parecía estar en mi contra.

A medida que crecía, las frases que me repetía en la infancia se transformaron en…

Complace.
Esfuérzate.
Sé bueno.
Sé trabajador.
Miente.

Creo que esa obsesión inicial por el escenario se basaba en cumplir esos falsos pensamientos. Me tomó muchos años desarraigar de mí esa falta de valor. Logré arrancarlos con amor propio, conciencia y el reconocimiento de que, más allá de mi cuerpo descuidado o de mi homosexualidad, soy un ser humano digno que merece ser feliz. No recuerdo exactamente en cuál, pero en alguna de mis terapias escuché esta hermosa frase de Louise Hay: «Eres perfecto tal como eres».

La falta de valor y la aceptación

El viaje hacia la autoaceptación no es fácil. Nos sentimos expuestos, indefensos ante las palabras afiladas que cortan como cuchillos y dejan cicatrices invisibles en nuestras almas.

Pero a pesar del dolor y la desesperación, hay una luz brillante en la oscuridad. Es el amor propio. Esto es algo que escuchamos muchas veces: nosotros nacemos con ese amor propio, pero los juicios y las críticas nos vuelven «mierda», y lo vamos destruyendo poco a poco gracias a los benditos estereotipos de los demás. Y sí, definitivamente hay amor propio y podemos recuperarlo, pero así como lo destruyeron, también requiere trabajo reconstruirlo.

Me resulta difícil expresar con palabras lo que significó luchar contra mi falta de aceptación. Soy consciente de que mis palabras pueden no ser suficientes para describir el dolor, la confusión y la soledad que a menudo acompañaban esta batalla interna. Sin embargo, si hay algo que he aprendido en mi propia travesía, es que la honestidad y la vulnerabilidad pueden ser poderosas herramientas para la curación y el crecimiento personal. Y a pesar de ello, me convertí en el «rey del engaño».

Recuerdo aquellos días de 1984, cuando tenía catorce años, como si fueran un sueño lejano. Durante mucho tiempo tejí una red de mentiras y falsedades a mi alrededor, que en un momento me llegué a creer. Una mentira dicha muchas veces se empieza a volver una verdad. Detrás de una fachada de normalidad y control me consumía una batalla silenciosa que afectaba cada aspecto de mi vida.

Cada mañana me levantaba con la determinación de mantener las apariencias, de presentarme al mundo como alguien que tenía todo bajo control. Sonreía ante los demás mientras mi mente era una tormenta de dudas y miedos. Me engañaba a mí mismo pensando que podía manejarlo todo solo, que podía resolver este problema sin ayuda externa.

Honestamente, me pudieron haber descubierto muchas cosas más, porque comía a escondidas: lo metía abajo del colchón y después se me olvidaba. Cambiaban las sábanas y encontraban de todo: envolturas de chocolate, restos de comida... Buscaba la manera de esconder las cosas para que no se dieran cuenta pero, al final, obviamente lo descubrían.

Recuerdo que comía y escogía mis porciones con exageración. En Venezuela, el queso blanco es riquísimo. En vez de cortar una rebanada normal, como todo mundo, a mí siempre me gustaba cortarlo más grande. Yo casi no tragaba, casi no mordía; en realidad, engullía. Mi compulsión por la comida era intensa.

Y el engaño no se limitaba solo a mi familia. También engañaba a mis amigos, haciéndoles creer que no tenía ningún problema. Ocultaba mis hábitos alimenticios poco saludables, mis pensamientos obsesivos y mi constante autocrítica. Vivía creando una fachada de normalidad para esconder la verdad que en el fondo me corroía. Pero con cada mentira que decía y mantenía, me alejaba más de la realidad. Me encontraba atrapado en un ciclo de autoengaño, uno del que parecía no poder escapar. ¿Cuánto más podría seguir sosteniendo la farsa? ¿Cuánto tiempo podría seguir ocultando mi dolor y sufrimiento tras una sonrisa falsa?

Me levantaba en plena madrugada, cerraba la puerta de la cocina con cuidado y tomaba la comida sin que nadie se diera cuenta. Incluso limpiaba el cuchillo sin hacer ruido. Me convertí en un experto en el engaño, pero al final solo me estaba destruyendo a mí mismo. Seguía ganando peso, y con las libras de más, la depresión se convirtió en mi compañera más fiel.

Los intentos fallidos de hacer dieta se sucedían una y otra vez. Al principio, todas las dietas funcionaban, pero luego me cansaba. Las ganas de comer azúcar siempre me ganaban y abandonaba todo a la semana. Lo mismo ocurría con las pastillas para reducir el apetito, los planes de ejercicio o cualquier régimen alimenticio que probara. Siempre terminaba recuperando el doble de lo que había perdido.

Al comenzar mi adolescencia, exploré dos aspectos fundamentales: mi sexualidad y la búsqueda de transformarme. Pero a pesar de ello, me acompañaba una constante sensación de juicio, de sentirme feo, desagradable. En ese momento pensaba:

La comida es como los perros: es un amigo fiel.
Desahogo mis temores y dolores comiendo.
La comida no me falla, la comida no me traiciona.
Necesito comer para vivir,
así que la necesito disponible siempre.

Aprendí a mentir, a aparentar, a ocultar. Es fácil y cómodo autoengañarse, permanecer en la zona de confort, pero la verdad siempre está presente cuando estás frente al espejo. La necesidad de aprobación es un peso silencioso que todos cargamos, y en mi caso, ese peso ha moldeado cada aspecto de mi vida. Desde mi apariencia física hasta mi identidad sexual, cada verdad que ocultaba ha sido un ladrillo más en el muro que construí para mantener una imagen que no era la mía. Es irónico que, en mi esfuerzo por ser aceptado, me convirtiera en el rey del engaño, un personaje atrapado en una obra cuyo guion escribí yo mismo.

Me sentía tan diferente en mi sexualidad, y darme cuenta de que me gustaban los hombres era como añadir un tormento más a mi situación. Me empezaron a llamar la atención las fotos de la publicidad, incluso actores simbólicos del cine y la televisión de la época, que para mí tenían un gran atractivo.

En el mundo de la televisión, lamentablemente, donde cada gesto es analizado y cada defecto amplificado, la apariencia lo es todo. Mi gordura no solo era una cuestión de salud, sino un estigma que amenazaba con eclipsar cualquier talento que pudiera tener. Mentir y fingir que todo estaba bajo control era más fácil que enfrentar las críticas, o peor aún, el rechazo de quienes me observaban desde un lado y otro de la pantalla. Alimenté la mentira con dietas, comentarios superficiales y sonrisas que ocultaban el profundo vacío de no sentirme suficiente.

Ser homosexual o gay en un país machista es un desafío constante, pero ser una figura pública añade una capa extra de complejidad. ¿Cómo aceptar algo que en privado apenas y podía procesar? ¿Cómo admitirlo cuando el mundo me juzga bajo un prisma donde ser hombre significa fuerza, dominio, infidelidad y heterosexualidad? Mi silencio, mis excusas, incluso mis intentos de aparentar lo contrario no fueron más que estrategias de supervivencia. La mentira se convirtió en una armadura, y no porque no quisiera ser honesto, sino porque el temor a perderlo todo era más fuerte que el deseo de ser auténtico.

Y luego está mi familia, el núcleo donde se gestaron tantas de esas inseguridades. Como hijo varón único, la expectativa era clara: debía ser el orgullo, el ejemplo, el reflejo de un ideal masculino que yo no encarnaba. No era suficiente con ser talentoso, tenía que ser fuerte, atractivo, exitoso y heterosexual. La presión era sutil y abrumadora, y la mentira, nuevamente, se convirtió en mi refugio. ¿Cómo podía decepcionar a aquellos que esperaban tanto de mí? Mi autoestima, ya fracturada desde niño, no habría resistido el peso de la desaprobación.

El problema de las mentiras, sin embargo, es que nunca son inofensivas. Cada vez que negué mi verdad, no solo engañé a los demás, sino me traicioné a mí mismo. Me convertí en un extraño, alguien que apenas reconocía. La aprobación que recibía estaba dirigida a un personaje ficticio, no a la persona que realmente soy. Y aunque por fuera todo parecía perfecto, por dentro el vacío seguía creciendo.

Ser el rey del engaño no era un título del que me sintiera orgulloso. Era una carga, un recordatorio constante de las batallas internas que libré por años. Pero también fue una oportunidad: reconocer estas mentiras, entender por qué las construí y enfrentar el temor que me llevó a ellas fue el primer paso hacia la liberación.

Cuando decidí abdicar de ese trono de ilusiones y reclamar el espacio donde pudiera ser auténticamente yo, sin necesidad de mentir para ser amado o aceptado, me sentí único y especial. Tardé años en llegar a ese momento de resiliencia. Recuerdo una frase que leí de André Gide, Premio Nobel de Literatura: «Es mejor ser odiado por lo que eres, que ser amado por lo que no eres». Tardé décadas en entender esta frase y hacerla mía.

A los doce años trabajé con el circo de Popy haciendo las voces de los personajes más famosos de las caricaturas. Todos decían que mis imitaciones de Popeye, el Oso Yogui y su insuperable amigo Bubu, entre otros, eran perfectas. Con las payasitas Ni Fu Ni Fa participé como maestro de ceremonias «en vivo», en el centro de espectáculos Estudio Mata de Coco, y haciendo personajes en su programa de radio. Con el amigo de todos los niños, Juan Corazón, trabajé en su musical *El mendigo* y grabé mi primera canción en un disco. También tuve mi propio programa de radio, *Arco Iris*, en RQ910, junto a Lilian Benasellaga, Milagros Fernández y Alexander Bauza. Cada día seguía involucrándome más en el medio artístico, exponiéndome y mostrando mi talento. Era un mundo de contrastes: me sentía pleno siendo artista, pero al salir me encontraba con la gordura y mis problemas de identidad. A inicios de los años noventa llegó mi primer golpe de suerte en la televisión: *Chamokrópolis*.

Chamokrópolis y *Superkrópolis*: el inicio del amor

En 1990, a los dieciocho años, comencé mi carrera en la televisión con mi propio programa: *Chamokrópolis*, transmitido por Televen (cadena de televisión venezolana). Al principio se grabó un piloto llamado *Sonrisas*, luego *Calle fantasía*, y al final decidimos llamarlo *Chamokrópolis*. Posteriormente, en 1992, lo reformamos a *Superkrópolis*, en RCTV (Radio Caracas Televisión). Ambos proyectos fueron un éxito rotundo entre el público infantil, ofreciendo un contenido lleno de personajes entrañables, como Conejo, Chupeta y Torontón. Estos programas combinaban música, baile, juegos y actividades educativas que no solo entretenían, sino inspiraban y enseñaban a los niños venezolanos.

Desde el principio, mi creatividad y pasión marcaron cada aspecto de los programas en sus distintas etapas. Ponía todo mi corazón en cada guion, cada coreografía y cada interacción con los pequeños. El característico grito de «¡Booombaaa!» no era solo una palabra, sino una muestra de la energía y el entusiasmo que volcaba en mi trabajo. Contar con Merci Mayorca como coanimadora fue una bendición, pues juntos logramos construir una propuesta de televisión infantil que dejó una huella imborrable en Venezuela. Sin embargo, detrás de las cámaras, mientras creaba mundos llenos de alegría para los demás, enfrentaba una lucha silenciosa conmigo mismo.

Mi familia disfrutaba y reconocía mis éxitos en el mundo de la animación, y aunque mi papá se oponía a mi elección, terminó aceptando y disfrutando enormemente cada logro que alcanzaba. Además de mi trabajo frente a las cámaras, participaba en ideas del contenido, e incluso escribí algunas de las canciones del programa. Nuestro estilo de animación, fresco y lleno de energía, sumado al talento para improvisar y conectar emocionalmente con el público, marcó a una generación y consolidó nuestra posición como figuras destacadas en la televisión venezolana de la época.

Aunque los programas brillaban y se convertían en íconos de una era, yo cargaba con inseguridades que intentaba ocultar tras mi sonrisa y mis logros. Mi gordura era una batalla constante que me hacía cuestionar si realmente podía encarnar el modelo que los niños admiraban y los padres respetaban.

La televisión es un medio despiadado, donde la imagen lo es todo. Aunque mi talento y creatividad me abrían puertas, mi autoestima se tambaleaba ante los espejos y las críticas. Sentía una dicotomía: por un lado estaba el animador que ofrecía diversión y valores, y por otro el hombre que luchaba por aceptar su reflejo. A pesar de mis dudas, nunca dejé de poner lo mejor de mí en cada grabación. Mi amor por lo que hacía y mi compromiso con mi audiencia eran más fuertes que mis temores, y eso me impulsaba a seguir adelante, incluso cuando la presión era abrumadora.

En medio de todo esto aumentó mi adicción al cigarrillo. Era un escape, una forma de silenciar, aunque fuera por un momento, la maraña de emociones que me atormentaban. También continué buscando soluciones externas para la otra batalla que me oprimía: mi cuerpo. Probé de todo: la dieta de la naranja, la dieta del atún, acupuntura, la dieta de los jugos, la de Ali Lazo, la buena alimentación, la dieta del Dr. Atkins… y cada intento me dejaba igual de insatisfecho. Buscaba una solución inmediata para algo que, en el fondo, sabía que solo podía resolver enfrentando lo que realmente sentía. En el espejo de la culpa, mi gordura y mi homosexualidad se reflejaban como condenas, hasta que aprendí a verlas como parte de mi historia, no como mi prisión.

Nadie sabía de mis inseguridades, de las noches en que sentía que no era suficiente. La valoración externa era intensa: en las calles de Caracas me saludaban por donde pasara. Pero esto solo volvía más evidente el vacío de mi propia valoración interna. Incluso las personas más cercanas a mí empezaron a dudar de mí. Pero ahora sé que no los estaba perdiendo a ellos; me estaba perdiendo a mí mismo. Cada día era una batalla: con mi cuerpo, con mi identidad, con la compulsión por la comida. Pero sobre todo, era una pelea contra mí mismo.

Nunca miré hacia adentro. Mi atención siempre estuvo enfocada en lo externo: en las dietas, en lo que pensaban los demás, en las soluciones rápidas. Y nada de eso podía llenar el vacío de no aceptarme por completo. Soñaba con construir una familia, ser un profesional y seguir el ejemplo que había recibido de mis padres.

En ese tiempo, dentro de esa confusión, decidí tener una relación con una mujer. Prefiero mantener esto en privado por respeto a mi cariño por ella. Ahora entiendo que le hice daño, a ella y a su familia. Por mi confusión, tomé muy malas decisiones y convertí una situación supuestamente amorosa en una pesadilla. El peor error que cometí fue querer ser o mostrar lo que no soy, aparentar una verdad que en realidad era una mentira. Y cuando vivimos de apariencias, como yo lo hice, no solo me herí, sino dañé a personas que respetaba y quería. Pero al abrazar mi verdad, toda esta mentira se cae. Prefiero no profundizar más en esto.

Hoy, al mirar atrás, comprendo que todo lo que viví fue parte de un proceso profundo. Durante mucho tiempo negué mi verdadera identidad, mis inseguridades y mis deseos más grandes, tratando de encajar en las expectativas de los demás. Pero, como Carl Jung sabiamente dijo: «Lo que niegas te somete. Lo que aceptas te transforma». Fue solo años más tarde, al aceptar mis miedos, mis contradicciones y mi verdadera naturaleza, que empecé a liberarme del peso de esa lucha interna.

La transformación viene de la valentía de mirar hacia adentro, aceptar quién soy en verdad, amarme y abrazar lo que había permanecido oculto por tanto tiempo. Quiero dejarte algo claro: vivir una vida aparente e intentar tener una relación heterosexual cuando en realidad te reconoces como homosexual es un error que solo va a traer dolor. Recuerda que somos responsables de nuestras decisiones. La verdad es lo único que nos mantiene de pie. Al aceptar la mía, solo entonces pude empezar a reconstruir mi confianza, a sanar las heridas invisibles y a encontrar la paz que tanto había buscado.

CAPÍTULO 5

Un cambio de ambiente

Cambiar el entorno a veces es lo que necesitamos para redescubrirnos y seguir creciendo.
—Marcelo Tinelli

El día que elegí para emigrar a Estados Unidos fue el 3 de abril de 1994. En esa época tenía una gran inquietud dentro de mí: buscar un futuro diferente y una evolución de mi carrera, así como evadir y apartarme del rechazo y los juicios hacia mí.

Mis memorias de la despedida son tristes. Recuerdo que en los últimos días en Venezuela empecé a padecer taquicardia, arritmia y emociones alteradas. Me diagnosticaron como un paciente vagotónico. Muchas veces sentía que mi cuerpo no respondía de la manera que debía. Hubo momentos en que me sentía extremadamente cansado, sin importar cuán bien hubiera dormido. Mi energía se agotaba muy rápido y a veces ni siquiera tenía fuerzas para realizar las tareas más simples.

Mis emociones también se veían afectadas: a menudo experimentaba una sensación de ansiedad inexplicable, como si mi cuerpo estuviera en alerta constante, pero sin una razón aparente. Todo ello iba acompañado de mareos, sudoración excesiva y, en ocasiones, una sensación de desmayo. Es como si mi sistema nervioso estuviera demasiado «activo», pero de la forma equivocada, creando un desequilibrio en mi bienestar físico y emocional.

También sentía mi digestión lenta, con una sensación de pesadez o dolor abdominal. Parecía como si mi cuerpo estuviera luchando conmigo mismo. Cuando intentaba hacer ejercicio o cambiar mi rutina diaria, la falta de energía y las molestias físicas me limitaban. Vivir con esas sensaciones era frustrante porque sabía que mi cuerpo no estaba funcionando como debía. Me preguntaba si estaba enfermo o si había algo más profundo que no podía ver.

El 20 de marzo de 1994, en el teatro La Campiña, en Caracas, salió en vivo el último programa de *Superkrópolis*. Para ese programa me había tomado un antidepresivo y un ansiolítico. Estaba «quebrado», estaba roto por dentro por la despedida. Recuerdo que mantuve la cordura durante el programa. Ese día, dos personas muy importantes en la industria hablaron conmigo. Armando Enrique Guía, director general de RCTV, me dijo: «Entiendo tu decisión, pero si no sé cómo voy a explicarles a mis nietos que tú ya no estarás en el programa, ¿cómo RCTV se los va a explicar a todos los niños de Venezuela?». La segunda persona que me visitó fue el ingeniero José Antonio Méndez, quién me confesó: «Vine a decirte que te quiero mucho. Éxito con la decisión que tomaste». Al terminar el programa y despedirme, leí una placa conmemorativa por mi despedida que el canal me obsequió. Mis últimas palabras fueron: «Si algún día regreso, por favor, acuérdense de mí». En ese momento, al ir al corte final, me desmayé.

En esos últimos días había estado preparando el viaje a Estados Unidos sin darles mucha información a mis padres, ya que mi plan era irme para siempre. Fui discreto con los medios. Internamente estaba sumergido en un caos. En el fondo me aquejaba una profunda intranquilidad. Ansiaba alcanzar la paz.

El día antes del viaje me fui de fiesta con Merci, Rosana y mi compadre David. Llegué a mi casa casi a las 5:00 a.m. y mi papá estaba tan furioso, que no me llevó al aeropuerto. Esa salida nocturna fue en parte una despedida y una forma de escape, una catarsis como vía de salvación ante la ansiedad que me producía mi viaje.

Llegué a Estados Unidos el día previsto, con veintidós años. Apenas me fui, lo primero que escuché es que había rumores de que había tomado el compromiso del sacerdocio. Detrás de ese rumor, lo que realmente temía era que se hiciera pública la cuestión de mi preferencia sexual. Me hacía tantas fantasías mezcladas con juicios, que al inicio de mi estadía en Estados Unidos sentía que tenía un pie en Miami y otro en Caracas. Por un lado lo que dejaba, los años de dedicación, y por otro mi intención de llegar y comerme el mundo.

Definitivamente, *me lo comí*. No dejaba de comer cualquier cosa que pasara frente a mí. La ansiedad que me invadía y no tener que cumplir con la aprobación de mis padres exacerbó mi necesidad de comer lo que quisiera. Eso generó síntomas físicos, todo reflejado en mi estómago.

Sin saberlo, apliqué un principio de la programación neurolingüística: «Un cambio de ambiente genera un cambio de conducta y, por ende, un cambio de pensamiento». Ahora, lamentablemente, el cambio de conducta y de pensamiento lo acompañé de ansiedad e inconciencia, y aumentó mi ausencia de límites por mi baja inteligencia emocional.

El día que llegué, me traje mis ahorros. Seguí llevando el mismo estilo de vida que me daba en Venezuela. Me quedaba en casa de una amiga y gasté sin ser consciente de que no generaba ingresos.

Siempre me he considerado una persona buena, alguien a quien, a pesar de las circunstancias, nunca le ha faltado lo esencial en los momentos más difíciles, y mis acciones pasadas no definen mi verdadera naturaleza bondadosa. Recuerdo claramente el día en que amanecí con solo 25 centavos en mi cuenta, un día que podría haber sido desolador, pero terminó siendo un punto de inflexión en mi vida. Un amigo me dijo: «En la pizzería donde estoy trabajando están buscando a alguien que haga *delivery*».

Ese mismo día me entrevisté con el dueño de la pizzería, el señor Luis. Me dio el trabajo de repartidor y, por si fuera poco, me ayudó a conseguir un carro, un Ford Fairmont modelo 1982, por 500 dólares, ya que yo usaba un carro prestado. El dinero me lo puso el señor Luis; se comportó como un verdadero ángel. Su generosidad no solo me dio un medio para moverme, me dio también una oportunidad de seguir adelante.

Empecé como *delivery* y haciendo la preparación de los ingredientes de las pizzas: cortaba cebolla, pimentón y tomate. Pasé de artista reconocido de la televisión a repartidor de pizzas. Recuerdo que todo lo que quedaba en la noche, me lo comía. Pesaba 282 libras.

A veces pienso en cómo ese momento marcó la diferencia entre sentirme derrotado y encontrar fuerzas para avanzar. El señor Luis no solo me ayudó económicamente; su gesto fue una muestra de que siempre hay personas dispuestas a tenderte la mano cuando más lo necesitas.

En las noches empecé a cantar en Manolo's Tapas and Wine, que quedaba en Flagler Street y 107 Avenue, un *shopping center* de calle. Después canté en un lugar colombiano que se llamaba Estudio 23, en Collins Avenue y la 23 Street. De este lugar guardo memorias muy divertidas porque ahí hacía imitaciones de Celia Cruz, Juan Gabriel y muchos otros artistas. Y de hecho, cuando nos llevaron a Estudio 23, un colombiano que se llamaba Héctor Alarcón tenía una parte del estudio dividida por una cortina porque el local era inmenso, y en una ocasión me dijo: «El día que yo abra esa cortina, te voy a pagar 100 dólares la noche», y de hecho, así fue. A las tres semanas sucedió.

Imagínate: yo, que venía de cantar «Las papas y los tomates» y todas esas canciones infantiles, tuve que aprenderme con un cassette marca TDK todos los éxitos de Óscar de León, Celia Cruz y el Grupo Niche. Al principio tocaba con una orquesta que llamamos Bandicrópolis, que fue idea de Miguel, mi compañero de departamento, o como le dicen en Estados Unidos, mi *roommate*. Por ese entonces utilizaban una foto mía para que cualquier venezolano que la viera se enganchara. El nombre venía relacionado con el de *Superkrópolis* o el de *Chamokrópolis*. Más adelante, nos llamamos La Conexión Latina, y fue tanto el movimiento y el éxito que se armó en Estudio 23, que llegué a ser el anfitrión o *host*. Yo abría el local y recibía a la clientela. Mis padres también iban a verme de vez en cuando, durante sus vacaciones.

Todas esas cosas que viví fueron clave para tener dignidad, porque en este país fue donde conocí el verdadero significado de esa palabra. De tenerlo todo, de ganar un millón de dólares al año en Venezuela, en aquella época, siendo una estrella juvenil, emigré a Estados Unidos para cantar de noche, ser portero en el mismo lugar donde cantaba, repartir pizzas, cortar verduras y hacer cualquier trabajo honrado. ¿A qué inmigrante no le ha pasado lo mismo?

Fue en esos días, mientras repartía pizzas y alternaba mis actividades de entretenimiento, que hice mi primer descubrimiento consciente importante: las emociones. Empecé a darme cuenta de cómo las emociones podían influir directamente en mi bienestar y en mi comportamiento. El miedo, la soledad y la incertidumbre sobre mi futuro eran mis compañeros constantes. Me encontraba atrapado entre la necesidad de salir adelante y las dudas que surgían en mi mente. Fue un proceso doloroso de autoconocimiento, pero necesario para lo que vendría después. Emociones como la frustración y la angustia me hacían sentir que no tenía control de mi vida, y eso me llevó a buscar formas de evadirlas.

El exceso de alcohol y el hábito de fumar se convirtieron en mi forma de escapar de toda la presión. El alcohol, aunque al inicio parecía una válvula de escape, solo aumentaba mi ansiedad y me alejaba más de la claridad que necesitaba. Fumar, por otro lado, era una manera de calmarme momentáneamente, de darme la sensación de control sobre algo, pero después sentía una gran culpa. Sin embargo, pronto me di cuenta de que estos hábitos no solo me estaban afectando en lo físico, sino que me atrapaban en un ciclo de autodestrucción emocional. El daño era evidente: me sentía más solo, más perdido y cada vez más distante de la persona que aspiraba a ser.

Tony Robbins dice que uno debe cambiar el libreto de la historia, y es una de las pocas cosas con las que no estoy de acuerdo con él. ¿Por qué? Porque una cosa es victimizarme sobre mi historia de vida, y otra cosa es ser consciente y ser vulnerable ante lo que viví; porque no vas a rechazar tu pasado, no lo olvidas. Lo que sana es el juicio que haces de él. En definitiva, yo no quiero seguir viviendo anclado en lo que fue, pero eso me tocó vivir a mis veinte años: había sido estrella de televisión y había tenido todo lo que un artista joven soñaría tener.

Me vine aquí a empezar de cero. Pero agradezco las oportunidades recibidas. Porque fue tanto el bullicio que se hizo en Estudio 23 con lo que hacíamos como orquesta, que un día se presentó el dueño de Mango's, David Wallack, con su perro blanco, tal cual película de Hollywood. Vio lo que hacíamos y le dijo a Miguel Parra, el director de la orquesta: «Quiero que vengan a tocar en Mango's».

Para quienes no lo sepan, Mango's siempre fue icónico en Miami Beach, pero entre 1994 y 1995 te puedo decir que vi pasar a

Madonna, Ricky Martin, los Estefan, Sylvester Stallone y Arnold Schwarzenegger en lo que yo cantaba en la entrada. Nos hicieron un *casting* un domingo al mediodía, y nosotros, ni tontos ni perezosos, llevamos a todos los amigos que conocíamos para tener público, para que bailaran y vieran cómo animábamos a la gente —obviamente, sin que ellos supieran que eran nuestros amigos—. Y funcionó. Nos aceptaron y nos convirtieron en otra banda más de planta a partir de ese momento.

Cuando nos fuimos a Mango's cambiamos el nombre a The Latin Connection Band para ser un poco más internacionales, por la cantidad de turistas que iba. En aquel entonces, Mango's era el único sitio que tenía música latina en vivo los 365 días del año, pasara lo que pasara, excepto cuando era temporada de huracanes y el lugar cerraba. La música empezaba a las 11:00 a.m. y duraba hasta las 3:00 p.m. El segundo turno era de 3:00 p.m. a 10:00 p.m. y el tercero de 10:00 p.m. hasta las 2:00 o 3:00 a.m. Éramos tres orquestas, así que nos iban rotando. Empezaron a llegar venezolanos a vernos. Se corrió el rumor en la comunidad venezolana de Miami de que me estaba presentando y cantando.

Recuerdo que en una ocasión estaba cantando y me apuntaron con el foco de una cámara: era el reconocido periodista venezolano Sergio Novelli. En ese momento, él llevaba un programa que se llamaba *Sigue la pista*, que salía en Venezuela. Entre risas y nervios, le conté que estaba repartiendo pizzas y alternando con el entretenimiento y el canto. Poco después salió en la prensa venezolana que yo estaba vendiendo hamburguesas y cantando. Como una chispa que enciende una hoguera, la noticia capturó la atención de muchos. Aumentó la audiencia del local, demostrando que a veces los sueños comienzan a materializarse en los lugares más simples, pero con el eco de una canción y el coraje de seguir adelante. El verdadero éxito no se mide por dónde estamos, sino por cómo logramos transformar cada etapa de nuestro viaje en una fuente de esperanza para quienes nos miran.

¿Puedes creer que yo todavía me encuentro con gente que me abraza, que llora conmigo, por haber emigrado? Hace poco me topé con una mujer que me dijo: «Raúl, no sabes lo que tú significas para mí. Yo vine aquí de turista, y decía, no puedo creer que este muchacho, de ser una estrella en Venezuela, esté cantando en Mango's. Y más impresión me dio cuando adelanto el tiempo y te veo como conductor de *Despierta América*». En ese momento, sus palabras tocaron mi corazón profundamente. Me recordó que los sueños no son líneas rectas, sino caminos llenos de giros que construyen historias capaces de inspirar a otros. Porque a veces el verdadero éxito no se mide por dónde estamos, sino por cómo logramos transformar cada etapa de nuestro viaje en una fuente de esperanza para quienes nos miran.

Cantaba de noche, en un horario que detestaba, porque siempre he sido más de madrugar. También detestaba manejar repartiendo pizzas. Fue una etapa difícil, llena de sacrificios, pero también de aprendizajes. Y entonces llegó el día que cambió todo: recibí la noticia de que me había ganado la lotería de visas.

El 21 de septiembre de 1994 estaba en Mango's trabajando cuando llegó un gran amigo mío —el timbalero de la banda— con un sobre que decía en la esquina superior izquierda «Immigration and Naturalization Services». En aquel entonces yo no tenía dirección de casa fija, así que él y su pareja, en un gesto de generosidad, me ofrecieron su dirección para recibir mi correspondencia. Apenas vi el sobre, sentí que el corazón se me iba a salir del pecho. Pensé: *Me deportaron*. Con las manos temblando, abrí el sobre y me llevé la sorpresa más grande de mi vida: decía *Congratulations, you have been selected as United States resident through the Visa Lottery*. Fue como si en ese instante se disiparan todas las sombras y se iluminara mi camino. Siempre he sido un gran creyente en Dios, y ese momento reafirmó mi fe. Recordé las palabras de Jeremías 29:11: «Porque yo sé los planes que tengo para ustedes —declara el Señor—, planes de bienestar y no de calamidad, para darles un futuro y una esperanza». Sin duda, en los momentos más inciertos, Dios guía nuestras vidas y nos recuerda que su plan siempre es más grande que nuestras dudas o miedos. En ese instante entendí que, aun si el camino está lleno de cosas que uno no elige, esas mismas experiencias son las que preparan el terreno para que un giro inesperado nos acerque a nuestros sueños. Porque a veces la vida nos pide paciencia antes de regalarnos las alas para volar. Ahí dije: «Esta es la señal que tanto he estado esperando. Dios premia lo bueno».

Cuando leí la notificación de mi aceptación de la residencia, lo primero que hice fue correr hacia un teléfono público para llamar a mi mamá. En ese entonces, tener un celular era un lujo que pocos podían permitirse, y yo no era uno de ellos. Era septiembre, muy cerca de su cumpleaños, y sentí que esa noticia era el mejor regalo que podía darle. Levanté el auricular, marqué el número y, cuando respondió, le dije: «Mamá, te tengo dos noticias, una buena y una mala. La buena es que me acabo de ganar la lotería de la visa, y la mala es que yo no me voy a regresar hasta que logre lo que quiero».

Su silencio, seguido de su emoción, me reafirmó que estaba tomando la decisión correcta. Ese día, una mezcla de nostalgia y determinación encendió en mí una llama que no se ha apagado. A partir de entonces comenzó la búsqueda realmente intensa por ser parte del mundo del entretenimiento hispano en este país. El episodio lo describo completo en mi musical para teatro *Visa para un sueño*. En una escena lo cuento con una canción, una sátira de *Sábado gigante* con Don Francisco, *jingle* incluido, que decía:

Se la ganó, se la ganó, otro inmigrante se la ganó...
aunque claro parezca que sea oscuro el destino,
siempre hay una luz al final del camino, no te olvides de esto,
que nadie te lo impida, no hay sueño que tengas,
que con fe no consigas.

Relato esto y mi corazón salta de emoción.

Sin embargo, las cosas no cambiaron de inmediato. Para diciembre de 1994 seguía trabajando en la pizzería. Aunque ya tenía la residencia, no contaba con un trabajo fijo y seguía cantando. Me encontraba en un punto donde la estabilidad parecía inalcanzable, pero cada día que trabajaba en la pizzería y cantaba en Mango's era un recordatorio de que estaba más cerca de mi meta. Lo que para algunos podría parecer un sacrificio, para mí era un paso necesario en el camino hacia lo que siempre había soñado.

Me encontraba atrapado entre dos mundos: quedarme y seguir luchando por un futuro incierto, o regresar a mi país, donde tal vez encontrara un poco más de estabilidad, pero con el riesgo de no poder alcanzar el sueño que había comenzado a forjar aquí. Había días en que la duda me consumía. ¿Realmente valía la pena seguir adelante? ¿Era tan fuerte mi deseo de quedarme y lograr algo grande? Las inseguridades no me dejaban dormir, pero algo adentro de mí me decía que debía seguir, que aún no había llegado al final de este viaje. A pesar de las dificultades, de sentirme fuera de lugar, seguí empujando. La tentación de regresar a la comodidad de lo conocido siempre estuvo presente, pero algo en mi interior, tal vez esa chispa de esperanza, me mantenía firme.

Al mirar atrás, aunque no estaba haciendo lo que soñaba y me encontraba lejos de las certezas que muchos anhelan, hoy puedo agradecer profundamente los trabajos que tuve; aunque parecían menores y no se alineaban con mi sueño, fueron la base que me permitió quedarme, aprender y, lo más importante, mantenerme enfocado en mi objetivo. Fueron los que me dieron la estabilidad emocional y financiera para seguir buscando oportunidades, para construir el camino que más tarde me llevaría a cumplir mi sueño. Hoy los valoro más de lo que en su momento podía comprender, pues sin ellos quizás mi historia no habría sido la misma.

Fue en uno de esos días, al repartir una pizza, que ocurrió algo que jamás imaginé. Llegué a una compañía llamada Gamma Communications para entregar un pedido y allí me encontré con personas que me conocían de Venezuela. Al verme, me miraron y me dijeron: «¿Tú no eres el de *Chamokrópolis*? ¿Estás repartiendo pizzas?». Su reacción me dejó sin palabras, pero lo que sucedió después marcó un cambio definitivo en mi vida. Ese encuentro inesperado derivó en una oferta de trabajo que no podía rechazar: me ofrecieron ser director de promociones del canal para niños del sistema de cable Multicanal TPS. En ese momento no lo sabía, pero estaba a punto de iniciar un nuevo capítulo en mi vida.

En enero de 1995, cuando por fin recibí mi carnet de residencia, dejé la pizzería para siempre y comencé a trabajar en Gamma Communications. No tenía la más mínima idea de cómo sería esa nueva aventura, pero algo era seguro: la necesidad y lo inesperado te llevan a actuar en consecuencia. Fue un salto hacia lo desconocido, pero también el inicio de una etapa que me permitió acercarme aún más a mis sueños y a lo que siempre había deseado construir en este país. A medida que pasaba el tiempo, las oportunidades seguían llegando de formas que nunca imaginé.

Para hacer el cambio de mi estatus migratorio, me tocó volver a Venezuela. Me fueron a buscar al aeropuerto mi mamá y papá, y recuerdo que mi papá me vio y se volteó para no verme; entendí que mi descuido lo afectaba. No tenía cuello. Estaba con un gran sobrepeso. No fue una visita agradable, ya que me reconectaba con el pasado.

En la visita a Venezuela recuerdo la anécdota de comer en un restaurante japonés en el Centro San Ignacio, en Caracas, y al levantarme de la mesa me dio un mareo, así que me llevaron a la Clínica Ávila. Me hicieron exámenes. Tuve una crisis de salud grave: mis valores estaban por las nubes —colesterol, triglicéridos y presión arterial—, y fue donde me dijeron: «Eres una bomba a punto de estallar». Me hicieron una endoscopia y una colonoscopia; tenía gastritis, esofagitis y una hernia hiatal. En la sala de emergencias del hospital, el médico me habló claro: «Raúl, si sigues así, en seis meses te vas a morir».

Hay gente cercana que me criticaba por no tener fuerza de voluntad: «Tú no haces el esfuerzo», «Eres el rey de la desidia», pero es difícil cambiar, en especial cuando enfrentas una adicción. Solo los adictos conscientes pueden entenderme. Me empecé a cuidar. Pero no fui consistente. Mi adicción durante esos veintidós años empezaba a aflorar.

Mi regreso a Estados Unidos

Al volver a Estados Unidos empecé mi trabajo en Gamma. Recuerdo que, cuando me hicieron la oferta, me sorprendieron al preguntarme: «¿Tú editas?», a lo que respondí afirmativamente, aunque en realidad nunca había editado en mi vida. Me dio miedo, pero algo dentro de mí me decía que debía intentarlo.

El puesto que me ofrecían era algo que nunca había imaginado, como una especie de director del canal, pero centrado en la imagen y las promociones. Aunque había escrito mis canciones y creado *jingles* en Venezuela, nunca había tenido a cargo un departamento entero con un solo empleado: yo. Cuando recibía la programación, simplemente me decían: «Este es tu problema». Así que, si bien no tenía experiencia en el área, me enfrenté a la situación con todo lo que había aprendido hasta ese momento y con la determinación de salir adelante.

A todos los inmigrantes que lean estas palabras quiero decirles que lo más importante no es saber exactamente cómo va a ser el camino, sino tener la voluntad de caminarlo. Habrá momentos difíciles, momentos de duda, pero si algo he aprendido es que la fe en uno mismo y la determinación para seguir adelante son las cosas que realmente marcan la diferencia. Confíen en su esfuerzo, en su capacidad, y recuerden que, aun si el futuro es incierto, la voluntad y la perseverancia abren puertas que ni siquiera imaginamos. No dejen de luchar por lo que sueñan. Al escribir esto se me llenan los ojos de lágrimas.

Tenía que hacer promociones capitulares, desarrollar la imagen o llevar a cabo tareas específicas, según lo que se necesitara para gestionar el canal. Fue una enorme responsabilidad, pero también una de las oportunidades más valiosas de aprendizaje que pude tener en ese momento. Me enfrentaba a desafíos constantes, pero cada reto era una lección en sí mismo que me preparaba para los que estaban por venir.

Recuerdo claramente el momento en que me dieron mi primera promoción laboral, un proyecto que no tenía idea de cómo ejecutar. Lo primero que pensé fue: *¿Y ahora qué hago yo con esto?* ¡Si nunca en mi vida había editado nada! Para agregar más incertidumbre, venía de un mundo completamente distinto, donde los procesos de producción me eran por completo ajenos. Yo solo conocía los rollos de una pulgada, y de repente me encontraba frente a términos como Betacam, *time in*, *time out*, *time cut*, y ni hablar de lo que era un canal de audio o video. No sabía cómo funcionaba una edición ni cómo se armaba un programa. Estaba completamente perdido.

Por fortuna, siempre les agradeceré a un señor, cuya cara aún recuerdo, pero cuyo nombre lamentablemente se me escapa, y a un joven llamado Harvey Grisales haber tenido la paciencia y la generosidad de enseñarme a editar. Gracias a su apoyo y su orientación logré entender poco a poco los términos y las herramientas necesarias para mi trabajo. Sin embargo, cuando mi jefa llegó al día siguiente y vio que no había dormido nada durante toda la noche tratando de entender el proceso, no dudó en quedarse conmigo para enseñarme de manera práctica lo que aún me faltaba aprender.

Mis ganas de aprender eran mucho más grandes que el miedo o la frustración de estar frente a algo nuevo. Así me fui convirtiendo en un experto en lo que hacía, al grado de empezar a pedirle a mi jefa que me dejara crear contenido original para el canal. A pesar de todo lo que había avanzado, mi deseo de salir frente a cámara nunca desapareció. No importaba cómo fuera, yo quería estar allí. Recuerdo que me tocó producir un programa llamado *Entre estrellas* para un canal de música, y uno de los momentos más curiosos fue cuando descubrí que la novia del hijo del dueño del canal estaba participando en el *show*. No importaban las circunstancias, yo estaba decidido a dejar mi huella en todo lo que hacía y no me detendría hasta lograrlo.

Yo era el productor, y aunque entendía que todos estábamos en un proceso de aprendizaje, me angustiaba un poco ver que la joven no lograba dominar del todo su rol. Sabía que estaba allí porque era «la novia del hijo del jefe», y me frustraba un poco que no tuviera la experiencia para hacer las entrevistas como se esperaba, lo que me obligaba a estar indicándole constantemente cómo llevar a cabo su parte del trabajo. No se trataba de una crítica, sino de la presión que sentía, pues la responsabilidad de que el programa tuviera el impacto que buscábamos recaía sobre mí, aunque en el fondo se revelaba mi deseo de ser el talento y no el productor.

Por otro lado, me sentía muy preparado para el reto porque siempre había sido una persona en extremo curiosa. Me sabía la vida de los artistas a detalle; estaba tan involucrado en el mundo del entretenimiento que, como dicen, era un «ratón de los medios». Escuchaba todos los programas de radio, leía todas las revistas y me mantenía al tanto de todo lo que pasaba en el entretenimiento. Recuerdo a la reina de la radio de Miami, Betty Pino. Cuando andaba trabajando en la pizzería repartiendo en la calle, siempre ponía su emisora, Radio Ritmo, que era la más popular, y me sabía todas las canciones que sonaban. Además, aprovechaba mis entregas de pizzas para dejarle cartas a Betty Pino en la recepción de la emisora con la esperanza de que algún día me diera una oportunidad. Y como suelen ser las vueltas de la vida, seis años después terminé trabajando con ella, lo cual fue una de esas buenas sorpresas que el destino nos da cuando menos lo esperamos.

Por eso me considero un hombre afortunado, alguien a quien la vida siempre le ha dado sorpresas agradables. A lo largo de mi camino he tenido la oportunidad de compartir y trabajar con personas que en su momento admiraba profundamente, personas que desde lejos parecían inalcanzables, pero a quienes el destino me permitió unirme en proyectos que jamás imaginé posibles. Desde Don Francisco, cuya figura representa tanto para mí y para toda la comunidad hispana; la reina de la televisión hispana, Cristina Saralegui; Gloria y Emilio Estefan, pareja poderosa en todo el sentido de la palabra; los periodistas Jorge Ramos y Mariana Antonieta Collins, o Giselle Blondet, quien ha sido una inspiración constante en el mundo de la animación, y hasta Eugenio Derbez, que me dio una oportunidad de estar en Hollywood con una participación en su película *El valet*.

Son algunos ejemplos de los sueños que, a pesar de lo impensables que parecían, se volvieron realidad. ¿Cómo no sentirme agradecido con la vida por darme la oportunidad de cruzar caminos con gigantes de la industria y aprender de ellos? Y aunque solo menciono a algunos, también el señor Luis, Harvey, Jossy, Tatiana, Frank, José Rafael, el caballero editor cuyo nombre no recuerdo, todos ellos, famosos o desconocidos, tienen un lugar en mi corazón porque fueron los hombros donde me pude apoyar para seguir creciendo y fueron el trampolín perfecto para ir por mis sueños.

Cada uno de esos encuentros, cada uno de esos proyectos, no fue solo una oportunidad de crecimiento, sino una confirmación de que las cosas buenas llegan cuando tienes fe, perseverancia y un propósito claro. Dios obra a través de las personas. Es difícil no sentirse afortunado cuando te das cuenta de que has vivido momentos extraordinarios, y todo por la actitud de nunca rendirte y seguir adelante.

Al mirar hacia atrás me doy cuenta de algo que no siempre entendí en su momento: lo que en verdad me permitió continuar, a pesar de todo, fue la actitud con que me levantaba cada mañana. No era fácil, claro, pero el simple acto de elegir levantarme y enfrentar otro día, aunque todo pareciera estar en mi contra, fue lo que marcó la diferencia. Cada día le plantaba cara a la incertidumbre, pero de alguna forma encontraba la fuerza para salir de la cama. ¿Cómo me levantaba? A veces, con una mezcla de cansancio y determinación. La motivación no siempre estaba ahí, pero la disciplina sí. En aquel momento, esa palabra no estaba tan clara para mí, pero hoy es uno de los pilares fundamentales de mi vida. Sabía que debía seguir, incluso cuando la duda se apoderaba de mí. Cada amanecer era una nueva oportunidad para seguir adelante, por pequeña que fuera.

¿Y cómo me acostaba? A menudo agotado física y emocionalmente. Pero a pesar de la fatiga, me reconfortaba irme a la cama sabiendo que, de alguna manera, había hecho algo ese día. Mis pensamientos antes de dormir solían estar llenos de vacilación.

¿Estaba haciendo lo correcto? ¿Lo suficiente? Los miedos estaban siempre presentes, acechando en los rincones de mi mente: el miedo al fracaso, a no ser capaz de cumplir mis sueños, a no poder quedarme. Pero también había esperanza. Esos pensamientos de esperanza, aunque pequeños, me mantenían con el deseo de despertar al día siguiente y seguir luchando.

A lo largo de ese proceso, mis emociones fluctuaron entre la frustración y la esperanza. Había días en que la duda me aplastaba, cuando las inseguridades y los juicios internos me hacían pensar que mi esfuerzo no iba a ser suficiente. Pero a la vez había momentos de claridad, cuando la pasión por lo que hacía me impulsaba a seguir adelante. Aprendí a reconocer que los miedos y los juicios, aunque inamovibles, no podían servir de guía. Decidí no permitir que tales pensamientos negativos me definieran. En lugar de dejarme dominar por ellos, comencé a usarlos como una motivación para probarme a mí mismo que podía superar cualquier obstáculo. Mi actitud me permitió superar esos momentos difíciles y de inseguridad. Entendí que el verdadero poder está en la actitud con que enfrentas cada día, en cómo decides ver las complicaciones.

¿Qué me dio toda esta experiencia? Dignidad. Fue un proceso que me hizo descubrir el verdadero valor de lo que significaba ser yo mismo más allá de las etiquetas o del estatus que tuviera. Pasé de ser una estrella juvenil, alguien admirado y con una carrera aparentemente estable, a enfrentarme a una nueva etapa donde tuve que reinventarme, aprender a ser humilde y aceptar que cada fase de mi vida tiene su propósito.

A mi edad aprendí a no quedarme anclado en lo que fui. No me identifico con lo que era, aunque reconozca que esa etapa formó parte de mi historia. Pero no soy esa historia ni me detengo en ella. Yo soy quien la hace, quien toma decisiones hoy y elige el rumbo que quiere seguir. A veces es fácil caer en la tentación de mirar atrás y preguntarte qué hubiera pasado si las cosas hubieran sido diferentes. Sin embargo, entiendo que mi vida no se trata de buscar respuestas a lo que no pude controlar, sino de encontrar significado en lo que vivo ahora y lo que aún está por venir.

Lo más importante fue darme cuenta de un punto fundamental: *no quiero victimizarme*. Sí, mi historia tiene momentos difíciles, pero esos momentos no definen quién soy. Soy vulnerable, claro, como todos lo somos. Mi historia tiene heridas, pero esas heridas son parte de mi fortaleza. Me ayudaron a entender que ser vulnerable no es un signo de debilidad, sino una parte natural del proceso de crecer. Soy el primero en reconocer mis flaquezas, pero también en celebrar cada paso que me acerca a ser la persona que quiero ser. Lo que me dio todo esto fue la capacidad de ver mis vulnerabilidades como oportunidades de crecimiento, no como barreras. Y quiero decirte algo para finalizar esta parte de mi historia: cuando repartía pizzas, cuando cantaba, cuando brillaba recibiendo a las personas en Mango's, cuando gané la lotería de la residencia, cuando edité las promociones y viví otras experiencias que me acercaban a mi sueño, en ocasiones olvidaba mis juicios sobre mi gordura y mi homosexualidad, porque mi energía estaba puesta en alcanzar mis sueños.

Si tienes dudas, miedos o juicios hacia ti, da un paso adelante o toma una pequeña acción que te acerque a tu sueño. En esa parte de mi historia entendí que, al dar esos pasos, estaba recuperando mi poder personal.

¿Recupero mi poder personal?

En mi niñez, la autoridad provenía principalmente de mis padres. Ellos marcaban el camino, dictaban lo que estaba bien y lo que estaba mal, lo que debía hacer y lo que debía evitar. Pero a medida que crecí, esa figura de autoridad se expandió. La escuela, los maestros, los amigos, los jefes y más tarde la sociedad misma comenzaron a influir en mis decisiones. ¿Qué es lo correcto? ¿Qué es lo que debo hacer para encajar en este mundo? La lista de voces que pedían ser escuchadas era interminable.

Lo curioso es que nunca me detuve a pensar si esas voces realmente tenían el poder de guiarme. Durante años les otorgué autoridad a quienes me rodeaban sin cuestionar si sus creencias y opiniones coincidían con las mías, o si realmente reflejaban quien yo era. Al final, el peso de esas expectativas me llevó a un constante estado de duda e inseguridad, como si mi vida fuera una obra escrita por otros, pero sin que yo tuviera ninguna participación activa en ella.

Comencé a darme cuenta de algo que antes me parecía difícil entender: la verdad nos libera. Cada vez que me enfrentaba a la realidad de mis propios pensamientos y sentimientos, sin tratar de ocultarlos o justificarme ante los demás, comenzaba a liberarme de esa constante carga de expectativas externas. Empecé a entender que la autoridad que me había sido impuesta no era la que necesitaba seguir. La verdadera autoridad debía venir de mí mismo. La voz interna, aquella que no se veía afectada por los juicios ajenos, era la única capaz de guiarme de manera auténtica.

Sin embargo, el problema de fondo no era solo que me hubiera dejado influir por opiniones ajenas, sino que yo me había juzgado más que nadie. El autojuicio fue la clave de mi sufrimiento. Mientras seguía buscando aprobación fuera de mí, era mi propia crítica interna la que más me limitaba. ¿Cómo podía encontrar paz si mi mente era un campo de batalla incesante entre lo que los demás pensaban que debía ser y lo que yo realmente quería ser? Cada vez que fallaba, cada vez que no cumplía con las expectativas, no solo temía el juicio de los demás, sino que me sumergía en la autocrítica. Me decía a mí mismo que no era suficiente, que no merecía ser feliz ni sentirme orgulloso de mis logros.

Ahora comprendo que este autojuicio crónico era una de las formas más profundas de dar autoridad a los demás, incluso sin estar presentes. Me juzgaba por cumplir criterios que no eran míos, sino de una sociedad que no entendía mi esencia. Este viaje me enseñó que debo ser el primero en darme permiso para equivocarme, para ser vulnerable y para vivir de acuerdo con mis propias verdades.

La liberación, como he aprendido, no llega cuando dejamos de escuchar las voces ajenas, sino cuando comenzamos a escucharnos a nosotros mismos sin miedo. Es en ese silencio interior donde encontramos la autoridad verdadera, esa que nos permite ser quienes somos. Al dejar ir el autojuicio entendí que la única autoridad que debo seguir es la que nace de mi ser más profundo, aquella que sabe lo que necesito para crecer y ser feliz.

Este viaje ha sido el camino hacia la reconexión conmigo mismo, donde finalmente estoy aprendiendo a darle autoridad a mi voz interna y a soltar el peso de las expectativas que antes me dominaban.

CAPÍTULO 6

El síndrome del impostor

La recuperación no es solo abstenerse de algo;
es crear una vida en la que valga la pena vivir sin ello.
—BRENÉ BROWN

Inicié una relación muy especial con un chico que conocí en una fiesta de venezolanos. Fue en el cumpleaños de una amiga, y desde ese primer encuentro sentí una conexión con él. Era un gran ser humano, que me brindó siempre su apoyo el tiempo que duró la relación, y estuvo pendiente de mí en todo momento. Estaré eternamente agradecido por esa relación que vivimos. Fue un maestro de vida para mí. Mientras la unión se fortalecía, él se dio cuenta de mi relación con la comida y que no podía controlar mi ansiedad más allá de la sensación de «hambre». Siempre leíamos el *Miami News Time*, un periódico impreso de estanquillo. En la parte final se anunciaban terapias holísticas, cursos en general relacionados con estilo de vida y lecturas de Tarot.

Un día, revisándolo, me mostró un cuestionario que aparecía en el periódico y solicitaba responder una serie de preguntas. Recuerdo vagamente algunas de ellas: «¿Siempre tienes hambre? ¿Comes a escondidas y a deshoras? ¿Comes según tu estado de ánimo? ¿Te sientes culpable por comer?». La nota de prensa remataba con una frase contundente: «Si respondiste afirmativamente a X cantidad de preguntas, favor contáctanos». Esa simple instrucción encendió algo adentro de mí, una mezcla de curiosidad, miedo y tal vez un destello de esperanza.

Llamé de inmediato, dejé un mensaje con mi teléfono y, sorprendentemente, ese mismo día recibí la llamada de una mujer con una voz dulce, llamada Teresa. Me habló con una calma que me desconcertó, como si ya entendiera todo lo que pasaba por mi mente. Me explicó que llamaba de Comelones Compulsivos Anónimos, un programa basado en los doce pasos de Alcohólicos Anónimos. Habló con tal claridad y empatía que, casi sin pensarlo, decidí hacer una visita. Fue un paso pequeño, pero crucial.

Mi pareja me llevó a mi primera reunión de Comelones Compulsivos Anónimos, y fui con un gran miedo. En mi mente seguía comparándolo con Alcohólicos Anónimos, sin terminar de aceptar que mi problema con la comida pudiera considerarse una adicción o incluso una enfermedad. Entré como espectador, tratando de no involucrarme demasiado. Observé con detenimiento la dinámica de la reunión y empecé a escuchar historias cargadas de tristeza y un enorme peso emocional. Mientras los demás hablaban, me di cuenta de que, hasta ese momento, había percibido mi historia personal como la de una víctima total, alguien incapaz de controlar lo que le ocurría. Sin embargo, algo en esos relatos me hizo cuestionar mi perspectiva.

Entender que me sentía una víctima fue un golpe de realidad que no esperaba. Hasta ese momento había vivido creyendo que mi relación con la comida era tan solo una consecuencia de las circunstancias: el tema familiar, mi falta de aceptación de mí mismo, mi preferencia sexual, el estrés, los problemas, las emociones desbordadas. Me justificaba con el discurso de que la vida me había llevado a ese lugar y que no tenía control sobre ello. Sin embargo, escuchar las historias de otras personas me confrontó con una verdad incómoda: no era la vida la que me hacía prisionero, era mi incapacidad de asumir la responsabilidad de lo que sentía y cómo lo manejaba. Reconocerme víctima no me liberaba, me paralizaba. Y aunque esa realidad doliera, también abría la puerta a una pregunta esencial: ¿qué pasaría si dejaba de justificarme y decidiera hacerme cargo?

Hacerme cargo no significaba ignorar mis heridas ni negar los desafíos que había enfrentado; significaba aceptar que, aun si no podía controlar todo lo que me había pasado, sí podía decidir cómo responder a ello. Este cambio de perspectiva fue liberador y aterrador al mismo tiempo. ¿Cómo empezar a asumir esa responsabilidad cuando llevaba años escondiéndome tras mentiras y excusas? La respuesta no era sencilla, pero en esa reunión quedó claro algo: no estaba solo. Escuchar a personas que habían logrado avanzar me dio una pequeña chispa de esperanza. Si ellos podían transformar su relación con la comida y con sí mismos, tal vez yo también podría hacerlo. Pero para ello debía dar el primer paso y salir del papel de víctima para convertirme en el protagonista de mi propia historia. ¿Qué pasaría si dejara de justificarme y decidiera hacerme cargo? Lo que pasaría es que sería dueño de mi propia vida.

Escuché historias cargadas de emoción, con una sinceridad desgarradora, donde la adicción a la comida se presentaba como un enemigo silencioso que había arrebatado vidas y sueños. A través de esas narraciones entendí las reglas y los doce pasos, aunque en ese momento no alcanzara a comprender su dimensión total. Cada testimonio dejó una marca profunda en mi conciencia, como si cada palabra fuera una llave que abriera puertas que yo mismo había mantenido cerradas durante años. Aunque no pudiéramos compartir los detalles más personales fuera de la reunión, lo que escuché me obligó a reflexionar sobre mi propia búsqueda de soluciones. Una de las reglas del programa estipula que el proceso es confidencial y no puedes dar muchos detalles del mismo. El primer paso, que habla de admitir tu impotencia ante la comida y que tu vida es ingobernable, resonó en mí como un espejo que me devolvía mi verdad. Ese día sentí que ya no podía escapar de la realidad: algo tenía que cambiar, y quizás ese programa pudiera ser una guía para encontrar un camino distinto.

Cuando comencé a comparar las demás historias con mi propia experiencia, descubrí algo inesperado. Por un lado me di cuenta de que los pensamientos y las emociones que yo consideraba únicos en realidad eran más comunes de lo que imaginaba. No estaba solo en este viaje. Por otro lado entendí que mi situación, si bien era difícil, no era tan grave como la de otros, lo cual despertó en mí una sensación mixta de alivio y responsabilidad. A medida que escuchaba más conceptos y aprendía sobre los pasos del programa, especialmente el cuarto paso, que hablaba de hacer un inventario moral valiente y minucioso, comprendí que debía empezar a llevar un estilo de vida más consciente. Incorporar esta nueva forma de pensar no solo me ayudó a salir de la situación, sino que me permitió elevarme como una persona resiliente. Me sentí motivado a adoptar una mentalidad distinta, una en que el cambio no fuera un castigo, sino una oportunidad para transformar mi vida desde adentro.

Busqué a Francisco Santana, un consejero espiritual, un sacerdote que oficiaba en la iglesia de la Ermita de la Caridad, en Miami. Necesitaba entender espiritualmente mi proceso, encontrar la forma de reconciliarme conmigo mismo. Sabía que el aspecto espiritual era una clave esencial en este camino, algo que no podría resolver solo con fuerza de voluntad. Además, mi madrina, quien me acompañaba en mi proceso de recuperación, se convirtió en un pilar fundamental. Ella, siendo una persona profundamente sabia y con experiencia en la adicción, siempre fue una gran escucha, sin juicios, lo que me permitió expresarme de manera auténtica y transparente. En su presencia pude encontrar un espacio seguro donde mis palabras no estaban condenadas. Mi eterna gratitud hacia ella, pues sin su apoyo incondicional no me hubiera sido posible avanzar.

Además de la parte espiritual y emocional, mi búsqueda se expandió a nivel físico. Comencé a buscar herramientas prácticas, como un nutricionista y un entrenador personal. Era evidente que mi cuerpo también necesitaba atención. El proceso de tomar conciencia de mi situación se activó de una manera más profunda. Con cada paso que daba hacia el cuidado de mi cuerpo, mi mente me acercaba más a mi verdadero ser.

Admitir que mi vida se había vuelto ingobernable debido a la dependencia de la adicción fue una de las cosas más duras que he tenido que enfrentar. Fue una revelación brutal, pero necesaria. Mi rechazo interno me había llevado a un punto donde no podía controlar nada, ni mi salud, ni mis emociones, ni mis decisiones. Aceptar que había llegado a un punto de colapso fue liberador, pero también fue el primer paso hacia la sanación. Fue ahí cuando entendí que todo lo que había buscado afuera debía empezar por una profunda reconciliación con mi interior. Recuerda: solo cuando nos aceptamos tal como somos, con nuestras imperfecciones, podemos empezar a sanar verdaderamente.

La pregunta que me hice durante muchas noches al irme a dormir fue: ¿qué aspectos de mí mismo estoy rechazando y cómo está afectando esto mi capacidad de avanzar y encontrar paz interior?

La comida era una droga para mí. A pesar de que otras sustancias, como el alcohol o el cigarrillo, no son esenciales para la supervivencia, la comida es fundamental. Es algo que, a diferencia de las demás adicciones, no puedo simplemente «eliminar» de mi vida, pues forma parte de las necesidades vitales de cualquier ser humano. Esta diferencia hace que la adicción a la comida sea una de las más complejas y desafiantes. ¿Cómo me alejo de algo que necesito para subsistir? En mi mente, la comida se había convertido en un refugio, una forma de llenar vacíos, de calmarme, de encontrar consuelo.

El alcohol y el cigarrillo son en teoría más fáciles de dejar porque no son esenciales para la vida. Pero la comida, en su contexto de dependencia, parecía irremediable. Estaba atrapado en un ciclo donde no podía separarme de esa necesidad. Cada vez que intentaba liberarme del vicio, encontraba justificaciones que me mantenían cautivo. Era como un juego mental donde mi mente me decía constantemente que merecía una recompensa, que podía «hacer una excepción», que el control estaba a mi alcance. Pero lo que no entendía es que este ciclo era en sí mismo una adicción más. «El mayor engaño que uno puede vivir es convencerse de que tiene el control cuando en realidad la adicción te controla».

Este engaño se había convertido en una verdad que yo mismo me contaba. Mi mente me decía que podía dejarlo cuando quisiera, que todo estaba bajo control, pero no era así. No era tan simple. La realidad es que cada vez que creía dominar la situación, me hundía más en la dependencia. Mi relación con la comida se había distorsionado tanto, que el concepto de control ya no tenía sentido.

Bloqueos y justificaciones: entre la verdad y el autoengaño

Mis bloqueos eran claros, pero mis justificaciones también lo eran. Era un patrón repetitivo, algo que surgía por épocas. Durante mucho tiempo me encontré navegando entre las verdades temporales que me repetía a mí mismo y el autoengaño que me permitía seguir adelante con la adicción. Había días en que estaba convencido de haberlo superado, de que al fin tenía el control, pero al poco tiempo caía de nuevo en los mismos hábitos con la excusa de que «lo necesitaba». Y ahí radicaba el conflicto: mi mente me decía que estaba en control, pero mi cuerpo y mi alma pedían a gritos una salida. Me repetí muchas veces:

Merezco un descanso después de todo lo que he pasado.
Hoy fue un día difícil, solo esta vez, no va a pasar nada.
Lo necesito para sentirme bien, me ayuda a relajarme.

Estas justificaciones son comunes cuando sientes que necesitas una recompensa por el esfuerzo emocional o físico que has invertido en otros aspectos de tu vida. Es una forma de convencerte de que «un poco más» no hará daño. Se utilizan cuando el estrés o las emociones negativas dominan y te das permiso de ceder ante la adicción como un mecanismo de afrontamiento, creyendo que será una excepción. Se basan en la creencia de que la comida es necesaria para calmarse o sentirse mejor emocionalmente, usando la dependencia como una forma de lidiar con los malestares internos.

En ese mar de justificaciones era casi imposible encontrar la verdad que me liberaría. Esta desconexión interna entre lo que sabía que debía hacer y lo que hacía me mantenía estancado, atrapado en un ciclo del que no sabía cómo salir. Y lo peor de todo es que no veía una escapatoria, o al menos no la veía clara.

¿En qué áreas de mi vida estoy viviendo en autoengaño, justificando mis comportamientos y evadiendo la realidad que necesito enfrentar para sanar? Esta pregunta se convirtió en la clave para poder enfrentarme a mí mismo. La respuesta no era fácil, pero fue el primer paso hacia la aceptación. Solo cuando logré reconocer los bloqueos y mis justificaciones fui capaz de empezar a romper el ciclo. Ya no podía seguir mintiéndome a mí mismo; la verdad era innegable, y esa fue mi primera victoria.

Cuando tuve mi primera recaída durante este proceso de los doce pasos, fue un momento en extremo desafiante. La recaída que siempre había temido se presentó con una fuerza aplastante. Los ciclos de culpa se percibían como un gigante imparable que se interponía ante mí, dejándome sin aliento y sin ganas de vivir. En ese momento, sentí que había fallado de nuevo, como si mi lucha fuera en vano y todo el esfuerzo por mejorar se desvaneciera en un segundo. La sensación de impotencia y desesperación era tan fuerte, que me cuestioné si alguna vez podría superar el desafío. La culpa no era una mera emoción, era una pesada carga que sentía sobre mis hombros, como un peso que me mantenía atrapado, sin poder avanzar.

Recuerdo con claridad una vez que estaba en el estacionamiento del supermercado Publix en 41 Street con 97 Avenue, en la ciudad de Doral. Me bajé del carro diciéndome: «Raúl, no compres el pastel, no lo hagas, no lo hagas». Pero ya tenía el cuerpo revuelto, una picazón rara, como si algo por dentro me empujara. La ansiedad se había disparado, sentía la dopamina en las nubes y una necesidad brutal de calmarme con azúcar. Literalmente eso: azúcar para tranquilizarme.

Y ahí iba yo, caminando rápido, casi desesperado, directo al área de la panadería. Como si alguien me estuviera persiguiendo. Buscaba mi perdición: la torta de zanahoria. Sabía lo que iba a pasar… y aun así la compré.

No esperé ni a llegar a casa. Apenas me subí al carro, la abrí y empecé a comérmela como si no hubiese mañana. Desesperado. No masticaba, no respiraba, no pensaba. Me metía los pedazos grandes a la boca, se me atoraba, me ahogaba. Y lo más duro fue que ni siquiera la disfruté. No me daba permiso de disfrutar. Solo quería llenarme… o más bien, vaciar algo que tenía adentro.

En el ciclo de la adicción, la etapa más dura comienza luego de la satisfacción, y se desarrolla con la culpa, el autocastigo, el arrepentimiento y la promesa de no volver a hacerlo, y uno toca fondo con el desaliento y la tristeza. Como el malestar es tan grande, necesitas el *shot* de dopamina de nuevo para evadir el malestar, y vuelves a comer. El caso de la comida en este ciclo negativo era más fuerte, pero me sucedió con el alcohol y el cigarrillo, aunque de forma menos intensa y con episodios poco frecuentes. La diferencia era grande, pero se trataba del mismo ciclo de adicción.

Sin embargo, aunque aquellos momentos fueran dolorosos, también marcaron el inicio de una toma de «autoconciencia». Fue el primer paso hacia una comprensión más profunda de mi proceso y de la importancia de ser más consciente de mis patrones de comportamiento y adicción. Me di cuenta de que no estaba solo en este proceso, de que había una red de apoyo disponible, algo que nunca había comprendido por completo. La idea de que podía buscar ayuda, que podía apoyarme en otros, fue una revelación. Fue como abrir una puerta que antes no veía, una puerta que me permitía explorar otras formas de apoyo, otras estrategias más saludables que no involucraran el autoengaño ni el abuso de la comida. Este descubrimiento me dio esperanza, una nueva perspectiva para seguir adelante. Sabía que, si bien el camino sería largo, ya no estaba caminando en solitario. Así como luchaba por dentro, también me tocaba luchar por fuera.

¿Por qué no confían en que puedo?

Esta pregunta, que solía repetirme una y otra vez, se convirtió en un reflejo de la duda que sentía hacia mí mismo. No era solo una preocupación por lo que los demás pensaran, sino una manifestación de mi propia inseguridad. Me preguntaba por qué parecía que nadie creía en mi capacidad de cambio, de mejorar, de avanzar. Lo cierto es que, en el fondo, yo no confiaba en mí mismo. Y al entender esto, también comprendí por qué fallaba repetidamente: no era solo por falta de disciplina, sino porque no había reconocido por completo mis emociones. No había reconocido que, al no saber manejar lo que sentía, me aferraba a la comida como mi única forma de lidiar con esas emociones abrumadoras.

Fue el momento clave en que mi percepción de las emociones cambió. Las emociones no eran algo que debía evitar, sino algo que debía aprender a gestionar. Lo que no había entendido en mi vida anterior era que las emociones son energía en movimiento y esa energía no puede ser detenida ni suprimida sin consecuencias. En un monumento en Washington, D. C., hay una frase de Thomas Jefferson a la que siempre hago referencia: «El precio de la libertad es la eterna vigilancia». Esta idea se volvió fundamental para mi proceso. La libertad emocional, esa paz que tanto buscaba, solo podía alcanzarse a través de la vigilancia constante de mis pensamientos y emociones. No podría encontrar paz si continuaba buscando consuelo en algo externo. La verdadera libertad llegaría cuando pudiera dominar mis respuestas emocionales y aprender a aceptar lo que sentía sin recurrir a la comida para anestesiarme. La vigilancia no solo consistía en estar alerta ante las tentaciones, sino en estar en constante observación de mi mente y mi cuerpo, de lo que realmente necesitaba y lo que iba buscando en la comida. ¿Acaso buscaba consuelo, control y validación? ¿Qué era lo que trataba de llenar con ese vacío que sentía por dentro?

«La paz con una dependencia a algo externo es ficticia o temporal», una reflexión que le compartí a Teresa, en una de nuestras sesiones más profundas. Las palabras resonaron en mí como una verdad que había estado eludiendo por mucho tiempo. Si quería paz, debía soltar mi dependencia a la comida. No se trataba de lo físico nada más, sino de un desapego emocional.

Al final, un día me levanté con una claridad que antes no había tenido. Después de todo el trabajo y el sufrimiento, comencé a ver lo que había avanzado y aprendido, pero entendí que debía dar un paso más. Ya no se trataba solo de reconocer mis problemas, sino de moverme hacia una forma más autónoma de enfrentar mis emociones y mis adicciones. El cuarto paso del proceso de Comelones Compulsivos Anónimos indicaba hacer un inventario moral de mis procesos, y el quinto paso pedía compartirlo de forma honesta conmigo, ante Dios y con un ser querido. Hacer el inventario era ya difícil, pero lo de compartirlo con alguien en mi vida... no me atrevía. ¿Si no era capaz de aceptar las sombras en mí, cómo podía compartirlas con alguien? Decir que era gay o que era adicto a la comida era imposible e impensable. La verdad es que desistí del programa y me retiré. Necesitaba encontrar la fuerza dentro de mí mismo, avanzar con la confianza de que podría manejar lo que viniera sin recurrir a escapatorias. Y no la tuve por miedo al rechazo.

De nuevo, el eterno cambio hizo de las suyas y, como siempre, me encontré en una encrucijada. Renuncié a Gamma Communications en el año 2000 para perseguir mi pasión. Continué trabajando en el canal de música, haciendo doblajes y algo de canto, pero el destino tenía otros planes para mí. La Organización Cisneros adquirió el canal de música HTV, un momento que marcó un antes y un después. A partir de ahí, mi carrera dio un giro y comencé a trabajar con Cisneros Television Group. Fue un paso crucial en mi camino.

En paralelo, seguía insistiendo en mi sueño de estar en los medios de comunicación, en la radio o en Univision. A pesar de no tener aún un lugar fijo en esos espacios, me convertí en un espectador frecuente de programas como *Sábado gigante* y *El show de Cristina*, pero había algo que pocos sabían: no era solo un espectador más. Estaba allí con un propósito. Mi presencia en el público era una especie de «universidad» improvisada, una forma de aprender cómo se hacía la televisión en Estados Unidos, de absorber cada detalle, cada movimiento, y entender la magia detrás de cámaras. Era una etapa de preparación, aunque nadie lo viera.

El deseo de aprender y la sed de vivir nuevas experiencias me empujaron, una vez más, a seguir adelante. Cada cambio me despojaba de algo, pero al mismo tiempo me ofrecía la oportunidad de crecer, explorar e imaginar mi futuro.

En ese mismo año, mientras las piezas de mi vida seguían moviéndose, apareció un aviso en el periódico que de alguna manera marcó un nuevo capítulo. Discovery Kids Latam estaba buscando un animador para un programa infantil llamado *La gran aventura Discovery Kids*, destinado a Latinoamérica. Era una oportunidad que parecía sacada de un sueño, y los requisitos eran simples: hacer un monólogo y asistir al *casting*. Sin pensarlo mucho, decidí prepararme para esa nueva prueba.

Lo que no sabía era que el *casting* iba a ser mucho más que una simple oportunidad. Oasis Productions, la compañía encargada de la convocatoria, era una firma local especializada en contenidos para grandes nombres, como Nickelodeon y Discovery Latam. Para mi sorpresa, todos los encargados de dirigir el *casting* eran estadounidenses. Me encontraba ante un grupo de expertos en *shows* en vivo con un historial impresionante, y de repente me sentí pequeño, como si estuviera fuera de lugar, rodeado de personas que parecían tener una ventaja natural en el ámbito.

Cuando llegué al lugar, me enfrenté a un grupo de gente que parecía salido de un anuncio: *fit*, bellos y llenos de energía. Mi mente, como si fuera un mecanismo de autodefensa, comenzó a sabotearme. La ansiedad me invadió, y comenzó a crecer en mí el impulso de huir. *¿Qué estoy haciendo aquí?*, me preguntaba, sintiendo que no era el lugar para alguien como yo. La voz en mi cabeza me decía que lo abandonara, que me fuera antes de enfrentarme al fracaso.

Pero entonces, algo en mi interior me dijo que me quedara. A pesar de la presión, de la inseguridad, decidí hacerle caso a esa pequeña voz que me instaba a dar un paso hacia el frente. La sala estaba llena de personas entrando y saliendo, cada una con su propio sueño, sus propios miedos. Mi turno llegó, me tocó ser de los últimos en pasar. Ese retraso solo alargó mi victimización, haciéndome sentir que estaba perdiendo la batalla antes de comenzar.

Al fin entré en la sala. Mi cuerpo estaba tenso, pero tenía que hacerlo. Empecé a animar, a poner todo lo que tenía en ese momento en mi actuación. El monólogo que hice fue un fragmento de *El libro de la selva*, donde interpretaba al narrador, dando vida a los sonidos de los animales y sumergiéndome en la leyenda india. Recuerdo con claridad cómo me sentí al hacer los sonidos, cómo las palabras cobraban vida y me transportaban a un mundo totalmente distinto. A pesar del miedo, algo dentro de mí comenzó a fluir, y por primera vez sentí que estaba donde debía estar, haciendo lo que había soñado durante tanto tiempo.

Ese *casting* fue más que una prueba profesional; fue un momento de confrontación personal, la superación de los miedos y las dudas que siempre me habían frenado. Lo que no sabía en aquel entonces es que esta experiencia marcaría un antes y un después en mi vida, el primer paso en un camino lleno de desafíos, aprendizajes y descubrimientos que solo llegaría a entender más adelante.

Salí de ahí con una mezcla de emociones, aún con el eco de las dudas recorriéndome el cuerpo, pero con la esperanza flotando como una posibilidad. Pasaron solo cuarenta minutos, un tiempo que se estiró como un chicle mientras esperaba con el corazón acelerado y la mente dando mil vueltas, y sonó mi teléfono. Fue una llamada que cambiaría el rumbo de todo. *You got the job*, me dijeron del otro lado de la línea.

En ese momento, una explosión de sentimientos me invadió. Lloré, reí y recordé todo lo que había recorrido hasta llegar ahí. Mi escuela de animación en Venezuela, los años de esfuerzo, las noches de estudio, los intentos fallidos, todo había valido la pena. Ese momento era el reflejo de años de trabajo, de perseverancia y de un deseo que había cultivado desde mi juventud. No solo era un trabajo, era la realización de una meta que había soñado incansablemente. Era mi oportunidad, mi momento de brillar, de demostrarme a mí mismo que sí se podía.

El proyecto era corto, solo tres meses, pero la magnitud de lo que representaba no podía ser medida solo por el tiempo. Eran tres meses que marcarían el inicio de un camino mucho más grande, tres meses que me permitirían estar en el escenario que siempre había imaginado. No importaba que fuera breve, lo importante era que estaba allí, y eso era suficiente. Como decía Pablo Neruda: «Podrán cortar todas las flores, pero no podrán detener la primavera».

Con el corazón lleno de emociones encontradas, tomé la decisión más relevante de mi carrera hasta ese momento: renuncié a Cisneros. A pesar de la estabilidad que me ofrecía, a pesar de lo seguro que me encontraba, sabía que mi futuro estaba en otro lado, en ese nuevo proyecto esperando por mí. Fue una decisión difícil, pero no hubo duda: daba un salto al vacío confiando en que todo lo aprendido hasta entonces me prepararía para lo que estaba por venir.

Así, con el teléfono en la mano y una sonrisa en el rostro, tomé la determinación de seguir mi sueño sin mirar atrás, porque sabía que, aun si el camino no era claro, lo que me esperaba era mucho más grande que cualquier temor o incertidumbre.

Como parte del proyecto me fui a México y viajé a la Ciudad de México, Guadalajara y Monterrey. Después fui a Argentina y estuve en Buenos Aires y Mar del Plata. Más tarde, a Brasil. No obstante, aunque los destinos eran increíbles, yo estaba lidiando con algo mucho más profundo: mis juicios personales. En ese entonces estaba muy gordo, y mis pensamientos —esa crítica interna— me acompañaban constantemente.

A pesar de mis inseguridades, algo en mí cambió. Cuando estaba en las grabaciones, dejé atrás las voces en mi cabeza que me decían que no era suficiente. Me metí al grupo en el bolsillo con mi energía, mi carisma y mi forma de conectar con ellos. La gira, las grabaciones, mi desempeño fue un éxito rotundo, un triunfo inesperado que me enseñó cómo lo realmente significativo no es la imagen que tienes de ti mismo, sino tu manera de entregarte a lo que haces y cómo te conectas con los demás. En medio de todo esto conocí a personas que más tarde serían clave en mi carrera. Melinda Vélez, que en ese entonces era la vicepresidenta de marketing de Discovery Kids, fue una de ellas.

Una de las anécdotas más bonitas de esta etapa de mi vida pasó en México. Me tocó trabajar con un niño que tenía una energía tremenda, ¡una batería eléctrica! Y gracias a todo lo que viví en Venezuela con los niños, supe cómo manejarlo; conectamos muy rápido e hicimos una mancuerna increíble. Yo seguí con mi camino… y pasaron veintidós años.

Un día me invitaron a una conferencia de un tipo que la estaba rompiendo en redes con millones de seguidores y mensajes súper potentes. Yo estaba entre el público, escuchándolo, y de pronto empezó a contar su infancia. Pasó unas fotos de cuando era niño… y yo me quedé mirándolas pensando: *¿De dónde lo conozco?*

¿De dónde? De repente, ¡me cayó el veinte!, como dicen en México. ¡Era él! ¡El mismo niño con quien trabajé dos décadas atrás! Se llama Daniel Habif.

En pleno evento me le acerqué a la relacionista pública y le dije: «Dile a Daniel que el Raúl que lo entrevistó en *Despierta América* fue su compañero en *La gran ventura de Discovery Kids*». Y así fue. Después hablamos por teléfono. Fue muy bonito. A este reencuentro yo lo llamo Diosidencia.

Si miro hacia atrás, lo que aprendí fue que los juicios que nos hacemos a nosotros mismos solo limitan lo que podemos alcanzar. La clave está en ser auténticos, en dar lo mejor, incluso cuando no creemos ser lo suficiente. Y en ocasiones ese es el momento justo para que las puertas que siempre quisimos abrir finalmente se abran.

Hay momentos en la vida en que te preguntarás por qué estás haciendo algo que parece tan alejado de lo que soñaste. Para quienes migran a Estados Unidos, este sentimiento es común, sobre todo al aceptar trabajos que, comparados con lo que hacían en su país, parecen un retroceso. En esos instantes, la mente se llena de comparaciones: «En mi país yo era...», pero lo cierto es que todo, absolutamente todo lo que hacemos tiene un propósito que muchas veces no entendemos en el momento. Con el tiempo, cuando somos capaces de mirar hacia atrás con conciencia, vemos cómo cada experiencia fue una pieza clave, un paso necesario en el camino que nos llevó hasta donde estamos. Y es ahí donde la dignidad se hace presente: al aceptar nuestra verdad con autenticidad, al honrar nuestro proceso, al reconocer que lo que vivimos nos hace más fuertes, más humanos, más conscientes de quiénes somos.

En mi caso, fue el proceso de rescatar a ese artista que sabía que era, pero que había sido opacado por las circunstancias. Me reencontré con lo que realmente me gustaba hacer, incluso en un país donde el idioma era el mismo, pero los acentos y las formas eran distintos. Cada experiencia vivida me dejó una huella, una lección y una conexión genuina con quienes cruzaron mi camino. Hoy entiendo que la dignidad no se encuentra en el lugar donde estemos ni en el trabajo que hagamos, sino en cómo enfrentamos nuestra realidad, en cómo aprendemos a ser auténticos con nuestra verdad.

La llamada inesperada y el desafío del inglés

Unos meses después de mi aventura en Discovery Kids Latam recibí una llamada que me brindó una nueva oportunidad de salir de mi zona de confort: me ofrecieron trabajar en Nickelodeon Kids, un show en vivo que buscaba un conductor. Pero había un detalle que me hizo temblar: el programa sería en inglés. Era una oportunidad de oro, trece presentaciones frente a un público joven y energético, en pleno auge del poder latino en Estados Unidos. Era la época de Ricky Martin, Marc Anthony y la música que traspasaba fronteras, y yo estaba justo en medio de esa ola.

No era fácil. Mi inglés era «machacado», como suelo decir, una mezcla imperfecta de palabras y frases que no siempre tenían sentido. Sin embargo, querían darme una oportunidad y me pusieron un profesor. Estudié como nunca antes, obsesionado con aprenderme el libreto palabra por palabra. Recuerdo repetirlo hasta el cansancio, practicando cada entonación, cada pausa, cada gesto. Era una mezcla de miedo y determinación. Cuando quieres realmente lo que haces, lo haces. Pero atrás de esa preparación, mi síndrome del impostor estaba más activo que nunca.

A pesar de todo el esfuerzo, no di el salto. El miedo me paralizó. Me sentía incapaz de cruzar esa barrera, de convertirme en lo que ellos esperaban de mí. Mi inseguridad hablaba más fuerte que mi preparación. Me exigía perfección cuando en realidad lo que necesitaba era fluir, confiar en que el trabajo y la pasión serían suficientes.

Hoy, al escribir esto, me conmuevo. Regresar a esos tiempos me recuerda esa sensación agridulce: la inseguridad mezclada con la obsesión de hacer un trabajo perfecto. Pero también entiendo que, si bien no hice el *crossover* en esa ocasión, el proceso fue una lección enorme. Mi experiencia en *Game Lab 2000* de Nickelodeon fue hermosa. Reforzó mi autoestima y me permitió creer un poco más en mis capacidades.

Aun así, no puedo ignorar que mi relación con la comida seguía siendo complicada. Cada reto, cada paso hacia adelante, despertaba en mí una ansiedad que buscaba consuelo en comer. Era como si el éxito y la inseguridad bailaran juntos, empujándome hacia un terreno familiar, pero dañino. Hoy sé que esos momentos fueron clave para aprender a escucharme y comprender que no siempre hay que tener todas las respuestas; a veces solo hay que dar el siguiente paso.

En 2001 mi carrera dio un giro inesperado. Ya cerrando mi etapa en Nickelodeon, un *headhunter* que había contratado me conectó con Disney Latinoamérica, donde buscaban un perfil similar al mío. La reunión fue prometedora. Me ofrecieron una posición que para muchos sería el sueño de su vida: director de promociones en Disney Latinoamérica. Salí de esa entrevista sintiéndome casi convencido de que esa sería mi próxima gran aventura.

En ese momento hacía un programa llamado *A oscuras pero encendidos* en América TV, producido y animado por Paul Bush. Yo hacía de un títere llamado Tomasín Galindo que hablaba de chismes de la farándula latina. Al mismo tiempo, Paul aceptó una oferta para conducir un programa de radio, y entre sus condiciones exigió que yo fuera uno de sus coconductores. Y justo cuando estaba saliendo de la entrevista con Disney recibí una llamada que esperaba hacía tiempo: una oferta para trabajar en la radio.

Después de innumerables intentos con *castings* en el pasado, gracias a Paul por fin me ofrecieron un puesto como coanimador en WQBA AM 1140. La oferta era buena, pero la diferencia salarial era significativa, un detalle que no podía ignorar: 20,000 dólares menos al año que la oferta de Disney.

Llamé a mi papá en busca de claridad. Le conté sobre ambas ofertas, esperando su sabiduría para guiarme. Su respuesta fue contundente: «Por supuesto que tienes que trabajar con Disney». Era lógico, Disney representaba estabilidad, prestigio y un salto profesional importante. Pero yo sabía en mi corazón que mi pasión no estaba en un rol ejecutivo atrás de un escritorio. Yo quería animar, conectar con la gente, ser talento frente al micrófono.

Uno de mis lemas es: «Cuando encuentres algo que te apasione, trabaja duro en ello y deja que el éxito sea el ruido». En aquel entonces tomé una decisión difícil y mi papá no lo entendió al principio. Me regañó por elegir lo que él consideraba un camino menos seguro. Pero yo tenía claridad: quería entretener. La radio era mi oportunidad de conectar con la audiencia y explorar mi verdadera vocación.

Empecé en la radio lleno de dudas. En el programa de la tarde, acompañando a Paul Bush, me enfrenté a un público que no nos recibía con entusiasmo. Era complicado ganarme a los oyentes. Recuerdo las primeras semanas: me sentía fuera de lugar, como si nadie apostara un dólar por mí. El síndrome del impostor estaba presente de nuevo, esa voz interna que susurra que no eres suficiente, que no mereces estar donde estás.

Sin embargo, algo cambió con el tiempo. La constancia, el esfuerzo y el amor por lo que hacía comenzaron a dar frutos. Meses más tarde llamaron a Paul para irse a Telemundo y tuvo que dejar la radio. Me invadió la duda: ¿Seguiría yo en el programa o buscarían reemplazarme? Pero entonces sucedió algo inesperado. Me llamaron Claudia Puig, presidenta de la emisora, y Loretta Anaya, vicepresidenta, y me dijeron algo que jamás olvidaré: «Queremos que te quedes con el programa».

Ese momento fue otro parteaguas en mi vida. Me ofrecieron el mismo salario que me había ofertado Disney, pero más allá del dinero, sentí por primera vez que alguien veía mi potencial, que valía la pena. Acepté quedarme, y esa decisión no solo confirmó mi pasión, sino reforzó mi autoestima. Esos dos años me habían impactado por tantos cambios; era como subir una escalera interminable, escalón por escalón.

Escribir esto me hace reflexionar profundamente. El síndrome del impostor no desaparece con facilidad. Es esa sombra que nos sigue, haciéndonos creer que no somos suficientes, incluso cuando las oportunidades tocan a nuestra puerta. Pero lo importante es recordar que el talento y la pasión siempre hablan por sí mismos. Si alguna vez sientes que no perteneces, que no mereces lo que has logrado, recuerda esta frase de Maya Angelou: «He aprendido que la gente olvidará lo que dijiste, olvidará lo que hiciste, pero nunca olvidará cómo los hiciste sentir».

Y eso es lo que hice en la radio. Conecté. Hice sentir. Entendí que mi lugar estaba donde mi corazón latía más fuerte y que el éxito verdadero no se mide en dólares ni títulos, sino en la pasión con que haces tu trabajo y en las huellas que dejas en los demás. Cuando asumí el programa de radio, lo hice con el compromiso de entregar lo mejor de mí. No solo era un puesto, era mi pasión al servicio de mi audiencia. Me involucré profundamente; tanto, que el equipo entero se convirtió en parte de la magia. Enganché al operador de la cabina, hice que la asistente de producción interviniera en las conversaciones y juntos formamos un trío radial que rompió las reglas del formato tradicional. No éramos solo colegas, éramos un equipo con una conexión auténtica, y eso se reflejaba en el aire. Con el tiempo, nuestro esfuerzo dio frutos: nos convertimos en el programa número uno en nuestra franja horaria de AM en Miami. Ese éxito no era casualidad. Era el resultado de poner el corazón en cada palabra, en cada interacción, en cada risa compartida con la audiencia.

Si bien sentía que estaba viviendo mi propósito, también sabía que no quería quedarme en AM para siempre. Loretta, eterna visionaria, me dijo algo que se me quedó grabado: «Si logras el *rating* que necesitamos en AM, te paso a FM». Ese objetivo se convirtió en mi meta. Trabajé incansablemente, y en seis meses superé el *rating* que ella había establecido. Fue así que, en septiembre de 2001, me abrieron las puertas de FM.

La transición no fue fácil. Me pidieron que hiciera dos programas a la vez: uno en AM y otro en FM. Así comenzó una rutina frenética, pero emocionante. De 3:00 a 5:00 p.m. estaba en FM con *Tardes calientes*, junto a un amigo que se convirtió en un hermano, José Antonio Álvarez; luego corría al estudio de AM para el programa de 5:00 a 6:00 p.m., y volvía a FM de 6:00 a 7:00 p.m. Los estudios estaban separados por un pasillo, pero en mi mente eran mundos distintos.

El día que comencé en FM fue el mismo día que el mundo cambió para siempre. Las torres gemelas cayeron en Manhattan, y con ellas un país entero quedó en duelo. Fue un momento extraño experimentar el contraste entre la tragedia nacional y mi logro personal. En medio de la tristeza colectiva sentí una responsabilidad aún mayor de conectar con la gente, de llevar algo de luz y compañía a través de la radio. Aunque mi mundo había sido el entretenimiento, ese día me tocó narrar noticias, dar pases para testigos, algo que era enteramente nuevo para mí.

Tardes calientes se convirtió en un fenómeno en FM. Daba vida a quince personajes distintos, cada uno con su propia voz y personalidad. Era un reto creativo que me apasionaba y me exigía al máximo. La audiencia lo notó y el programa llegó a ser el número uno en la franja de las tardes de FM. Incluso los oyentes comenzaron a exigir que estuviera presente durante las cuatro horas completas del programa. Mi ego estaba contento, pero más allá de eso, mi alma estaba llena. Estaba haciendo lo que amaba, vinculándome con la gente de una manera que nunca imaginé.

En ese momento de mi vida, mi relación de pareja era mi refugio. Fue un gran apoyo para mí tener a alguien con quien pudiera ser yo mismo, aunque fuera solo en privado. El clóset seguía siendo mi compañero, una barrera que no estaba listo para romper. Vivía una dualidad: frente a los micrófonos era un hombre lleno de energía, con personajes que hacían reír y pensar a miles, y atrás de ellos era alguien que aún luchaba con la aceptación plena de quién era.

Hoy, al recordar esos años, veo la fortaleza que me daba el amor, incluso si era un secreto. Y también reconozco que, aun cuando mi ego estaba satisfecho con los logros, mi verdadera victoria era mantener viva mi esencia en medio de tanto caos y transformación.

Ese año fue una verdadera revolución emocional para mí. Recuerdo cómo, en una noche cualquiera, mientras cambiaba canales sin rumbo, un infomercial de Tony Robbins apareció en mi pantalla. *Unleash the Power Within* se llamaba el programa, y esas palabras me resonaron como un eco en el alma. Era la época de los CD y no dudé en conseguirlo. Hice el curso con el fervor de quien busca respuestas, y por primera vez sentí que algo en mí despertaba: un movimiento interno, un hambre de lograrlo todo, de alcanzar esa versión idealizada de mí mismo de la que siempre había dudado. Pero esa chispa inicial me llevó, como tantas otras veces, a buscar soluciones fuera de mí. Empecé a recorrer caminos desesperados. Probé pastillas para adelgazar con la esperanza de que algún químico pudiera apagar la ansiedad que llevaba años devorándome por dentro. Contraté a otro entrenador personal y a otro nutricionista. Probé dietas milagrosas que prometían librarme de 10 libras en una semana. Todo lo que pudiera brindarme resultados inmediatos se convirtió en mi obsesión.

Fue en ese camino que conocí a un endocrinólogo que me sugirió tomar pastillas para suprimir el apetito. Al principio parecían funcionar. Llegué a pesar 175 libras, algo que nunca creí posible. Pero el costo emocional fue altísimo: esas pastillas alteraban mi estado de ánimo de maneras que apenas podía controlar. Me volví irritable, explosivo, y aunque mi cuerpo parecía estar cambiando, mi mente y mi corazón seguían atrapados en un ciclo de autodesprecio. La verdad es que cada vez que algo tocaba una herida emocional profunda, volvía a mi estado básico: dejar de cuidarme, dejar de respetarme y dejar de valorarme. Me veía a mí mismo como un impostor en un cuerpo que no sentía mío, y los logros externos que tanto ansiaba nunca llenaban el vacío interno.

En diciembre de 2001, mientras mi mundo interior estaba en caos, mi carrera dio otro giro. Recibí la llamada de mi amigo Oscar Petit, productor de entretenimiento de *Despierta América*, para hacer un *casting* para el programa. Era una oportunidad soñada, un paso más hacia esa meta de ser reconocido, de ser visto y validado. ¡Cuántas veces soñé con esa oportunidad! Pero la emoción del momento se mezcló con un dolor profundo: mi abuela falleció ese mismo mes.

Viajar a Venezuela para pasar Navidad con mi familia fue un torbellino de emociones. Por un lado estaba la tristeza de despedir a mi abuela y por otro estaba la incertidumbre de mi carrera, el peso de mis inseguridades y el agotamiento por luchar constantemente conmigo mismo.

Ese año me enseñó que las revoluciones internas no son lineales ni perfectas. A veces, el despertar más grande viene acompañado de las caídas más profundas. Descubrí que no importa cuánto esfuerzo pongas en cambiar lo externo, si no sanas lo que llevas contigo, siempre habrá algo que te devuelva al punto de partida.

Recuerdo la frase de John-Roger, fundador de los seminarios Insight: «La vida no te pasa a ti, la vida pasa para ti». En ese momento empecé a entender esa frase, y las palabras quedaron sembradas. Ahora sé que cada experiencia, por dolorosa que fuera, estaba diseñada para empujarme a mirar hacia adentro.

Al cerrar este capítulo de mi vida veo a ese joven lleno de sueños, contradicciones y luchas internas, y no puedo evitar sentir compasión por él. No tenía todas las respuestas, pero seguía adelante, intentándolo, cayéndose y levantándose. Es un recordatorio de que, aun si el camino no siempre es claro, cada paso, incluso el más negativo, tiene un propósito. Y así, con el peso de las lecciones aprendidas y las heridas aún abiertas, estaba listo para enfrentar el siguiente capítulo de mi vida, todavía sin saber qué sorpresas, desafíos y descubrimientos me esperaban.

CAPÍTULO 7

La metáfora del payaso

Las emociones son como una montaña rusa,
suben y bajan sin que podamos controlarlas,
pero lo importante es aprender a disfrutarlas,
porque de cada subida y cada bajada aprendemos algo nuevo.
—AUTOR DESCONOCIDO

Aunque seguía inmerso en mi trabajo en la radio, enfocado en FM y trabajando directamente con José Antonio Álvarez, mi grupo en AM seguía vigente. Aparte, seguía consultando al mismo endocrinólogo, como si las dietas y las pastillas para adelgazar fueran una solución definitiva. La idea de que un cambio físico me traería paz interna era lo único que lograba ocupar mis pensamientos. Aun cuando el entorno laboral era estimulante y lleno de nuevas oportunidades, algo en mí seguía buscando soluciones rápidas, atajos que me ofrecieran alivio momentáneo, sin cuestionar si realmente eran lo que necesitaba. Sin embargo, las respuestas que encontré fueron temporales, como parches que solo ocultaban lo que ocurría en mi interior. Fue entonces cuando, por recomendación de un médico, comencé a tratarme con anfetaminas, buscando una forma de conseguir resultados inmediatos.

Lo que no veía era que las anfetaminas me ofrecían un alivio efímero, un subidón momentáneo que nada más me alejaba de encontrar una solución real, de enfrentar lo que necesitaba sanar. Estaba atrapado en un ciclo de gratificación instantánea donde todo lo que hacía, ya fuera en la radio, en las consultas o con los medicamentos, se volvía una forma de evadir el problema. Y ese ciclo, por momentáneamente satisfactorio que fuera, me mantenía estancado, sin avanzar en mi verdadero proceso de sanación.

El efecto real de las anfetaminas es muy complejo y puede ser en extremo perjudicial para la salud. Son drogas estimulantes del sistema nervioso central, y sus efectos inmediatos me brindaban un aumento de energía y euforia, estar más alerta y menos fatigado. Las personas que usan anfetaminas pueden sentirse más despiertas, lo que lleva a una falsa sensación de productividad o de estar en control. Esto puede resultar en una disminución del apetito, lo que conduce a la pérdida de peso. Sin embargo, los efectos son temporales y, con el uso repetido, me provocaron un problema serio de salud y unas bajadas emocionales profundas.

La recaída, aunque dolorosa, siempre venía acompañada de una respuesta automática en mí: me levantaba, me ponía de pie, como si todo volviera a empezar. A pesar de esos síntomas, había una parte de mí que seguía buscando el camino hacia la solución. Pero al no encontrar la respuesta real, el proceso se transformaba en un ciclo repetitivo. Cada que tocaba fondo, la sensación de volver a empezar, de levantarme, me proporcionaba una gratificación momentánea, como un placebo que me ofrecía consuelo temporal. Pero no era una solución duradera, sino una falsa sensación de alivio.

Tal comportamiento se convirtió en una especie de hábito automático, un *shot* de dopamina que me daba un subidón breve. Cada recaída me ofrecía esa recompensa fugaz y al mismo tiempo me alejaba de una sanación real, creando una dependencia de este consuelo instantáneo. La dopamina me mantenía en un estado donde no se trataba de avanzar ni de encontrar la solución profunda, sino de sobrellevar la situación, solo para caer nuevamente en la misma trampa. Así, el ciclo se volvió adictivo.

El 14 de octubre de 2002 me contrataron oficialmente en Univision, y cuando empecé a tener más entrevistas y encuentros con la prensa, llegó la campaña de relaciones públicas para darme a conocer, lo cual provocaba mi deseo de comer, porque siempre estaban las preguntas incómodas que detonaban mi ansiedad. En esa época no había redes sociales, pero los elogios y las críticas mezcladas, aparte de las recomendaciones solapadas, se tornaban muy incómodos. Muchas personas que empecé a conocer en Univision tenían empatía con mi apariencia y se identificaban conmigo. Recuerdo cuando conversé con Don Francisco y hablamos del sobrepeso; ambos nos abrimos y compartimos el desafío que teníamos con la alimentación. En Venezuela no tenía problema con mi exposición en televisión. Aquí era diferente.

Mientras más éxito y logros alcanzaba en mi carrera profesional, más observado me sentía. Obviamente generó una mayor ansiedad. Era como estar atrapado en una montaña rusa de emociones sin fin. La constante fluctuación entre el trabajo, las actividades diarias y mis luchas internas me llevaban a recurrir a dietas extremas y pastillas que suprimen el apetito en un intento desesperado de controlar lo que no podía. Al igual que mis emociones subían y bajaban sin previo aviso, mi peso también seguía la misma senda de altibajos. Mi vida se convirtió en un ciclo interminable de desequilibrio.

Lo más fuerte de este proceso fue que, aun cuando lo vivía internamente, me tocaba fingir, pues mi trabajo era entretener, aparentar un buen ánimo y hacer reír. Es importante decir que el público no podía darse cuenta de que todo mi esfuerzo estaba dirigido a mantener a un Raúl «idealizado». Recuerdo esa frase de mi abuela que decía: «La procesión se lleva por dentro». Muchas veces, las personas a tu alrededor no perciben la realidad, pero mi trabajo era fingir, fingir y fingir, y convivir con esa dualidad de afuera y adentro que me consumía. Yo llamo a esa dinámica «la metáfora del payaso».

Todo se parecía al proceso de duelo: un ciclo de pérdidas y enfrentamientos emocionales. Primero estaba la *negación*, esa sensación de que nada estaba mal, de que podría resolverlo por mi cuenta. Me mentía a mí mismo buscando excusas para justificar el sobrepeso y mis hábitos poco saludables, como si el problema no existiera o no fuera tan grave. Luego llegaba la *ira*, una rabia interna contra mí mismo por no lograr los resultados que esperaba. Me culpaba y culpaba a los demás por no comprender lo que estaba atravesando, mientras mi cuerpo y mi mente se rebelaban contra mis intentos de control. La *falsa negociación* era la etapa en que buscaba compromisos, el momento en que probaba dietas restrictivas o suplementos que me prometían milagros. Pensaba que, si hacía sacrificios suficientes, obtendría finalmente la figura que deseaba y todo se solucionaría. Pero la *depresión* no tardaba en aparecer al ver que los resultados eran efímeros o inexistentes.

El cansancio emocional y físico me dejaba sin fuerzas y la frustración se convertía en una niebla densa que nublaba mi mente, sin ver la salida. Pero en vez de entrar en la *verdadera aceptación*, entraba en el placebo de la solución temporal y nunca conseguía salir de ese ciclo. Este proceso de duelo, entonces, no era solo sobre la pérdida de un cuerpo idealizado, sino sobre aceptar que había perdido algo mucho más importante: la relación conmigo mismo. Y en definitiva, a veces hay que tocar fondo para saber de qué estás hecho y volver a salir a flote.

Debido a mi trabajo en Univision, el 20 de enero de 2005 fui invitado a la fiesta de reinauguración del segundo periodo de George W. Bush, un evento que, además de ser un espectáculo político, era también un escaparate de la élite social, donde la política y el entretenimiento se fundían de manera única. Recuerdo la sensación de estar rodeado de personas influyentes, algunas con un poder real, otras con ese tipo de fama que solo la televisión o el cine pueden otorgar. Lo que me impactó de esa noche fue la cantidad de figuras públicas que se cruzaban entre sí, conversaciones y sonrisas. Tuve la oportunidad de acercarme a algunas de las estrellas de la televisión, esos rostros familiares que llenaban las pantallas de millones de hogares. Había algo fascinante en verlos tan cerca, en su entorno natural, sin la distancia que te ponen las pantallas. Hice entrevistas a varios de esos artistas. La fiesta de la reinauguración se convirtió en una experiencia que no solo marcó un hito en mi carrera, sino dejó una huella en mi percepción del espectáculo, de lo que ocurre tras cámara y cómo las relaciones de poder y celebridad se entrelazan en un escenario tan único.

Mi salida del clóset

En 2006, mi primera conversación para salir del clóset con mi familia fue con mi hermana. Recuerdo que estábamos en la sala de mi casa. Llevaba meses trabajando con mi terapeuta, Gladys Granda, sobre cómo sería la conversación con mi familia. Recuerdo que cité a mi hermana y a mi cuñado Biaggio, y les dije: «Quiero que vengan a casa para conversar». Era mi primera prueba de si la terapia funcionaba. Yo estaba sereno y pausado, hasta que ellos llegaron a mi casa. Recuerdo que nos sentamos en el comedor, ellos hablando relajados de cualquier cosa, mientras yo solo pensaba:

Dilo ya y no te arrepientas. Tenía la garganta apretada, el pecho trancado y sentía que las palabras no me salían. Y me preguntaba: ¿y si me rechaza? ¿Y si la pierdo? ¿Y si todo cambia y el trato no es igual? Yo recuerdo que tragué fuerte e hice un gesto que mi papá siempre hacía, frotar las manos, tanto para decir algo divertido como para algo complicado de conversar. Yo me las frotaba y mi hermana me miraba extrañada. «Quiero decirles algo que nunca he dicho en voz alta a nadie de la familia. Soy gay». Recuerdo que pensé: *Cayó la bomba*. Ella se quedó en silencio y yo empecé a temblar y a hablar muy rápido justificando mi preferencia: esto no es rebeldía, esto no es una etapa... Ella miró a mi cuñado y él a ella. A mi hermana se le aguaron los ojos y, sin soltar una lágrima, me dijo: «Me lo imaginaba, no sé por qué. Pero yo te amo, tú eres mi hermano. Esto no va a cambiar nada». Hubo un abrazo fraterno. Sentí en ese momento, en su mirada, en su abrazo, que iba a costarle procesarlo. La pregunta siguiente que me hizo fue: «¿Cómo le vas a hacer con mi mamá y mi papá?».

Lo que me quedó claro de aquella noche es que empecé a sentir que me quitaba un peso de encima. Recordé lo que dice la Biblia de que la verdad nos hace libres, y así me sentía, libre de poder mirarlos a los ojos y expresarme auténticamente. Sentí que había descargado unas piedras de mi mochila pesada. Esa noche dormí en paz.

La salida del clóset con mis padres fue un proceso complejo que, por diversas razones, no sucedió de la manera que me había imaginado. Mi mamá se enteró en 2007, cuando decidí hablarle directamente, impulsado por una ruptura afectiva. En ese momento estaba pasando por una depresión y no aguanté más. Le pedí que me acompañara a dar una vuelta en un Mercedes blanco que me había comprado y que era el carro de mis sueños. Recuerdo que la llamé por teléfono y le dije que pasaría a recogerla. Yo iba con mucho miedo y comencé a dar vueltas dentro de la urbanización, cuando ella me preguntó: «Pero, chico, ¿para dónde vamos? Que me tienes dando vueltas aquí adentro». Tal cual como pasó con mi hermana y mi cuñado, tragué fuerte, respiré profundo y se lo confesé: «Mami, soy gay, soy homosexual. Es algo con lo que me ha costado mucho vivir, que me ha creado mucha culpa y necesito decirte la verdad para poder mirarte fijamente a los ojos sin tener nada que ocultar». Por supuesto, ella lloró mucho, pero después las aguas volvieron a su cauce porque el amor materno es incondicional, es un amor que acepta, un amor que está siempre presente.

Mi mamá, como siempre, me escuchó, aunque creo que esa conversación fue un golpe para ella. Sin embargo, la manera como se enteró mi papá fue mucho más complicada. A mí siempre me ha gustado escribir, así que en esa misma ruptura le escribí una carta a la persona con quien había terminado, carta que guardé en mi mesa de noche. En lugar de quemarla para completar el proceso de cierre de la relación, como recomiendan los sanadores holísticos, la deje ahí y mi papá la encontró y la leyó. Su reacción fue tan fuerte, que se le bajó la presión. Se desorientó, perdió el equilibrio y terminó golpeándose contra la mesa. El golpe fue simbólico de muchas maneras. Tenía morado el ojo y mantuvo un silencio que no pudo romper por un par de días. Fue como si en ese momento todo lo que más temiera en su vida se confirmara. Aun con todo el dolor que sentía, lo entendí como una constatación de su miedo más profundo: que yo no encajara en la vida que él había soñado para mí.

Durante varios días lo sentí raro conmigo, lo sentía distinto, pero él no me decía nada. Un día salieron mis padres a caminar, como era su rutina diaria de ejercicio. En esa caminata mi mamá lo sintió angustiado, así que le preguntó qué le pasaba, pero él no se atrevió a decirle nada. Le dijo que fueran a comer, pero él se negó, diciendo que no tenía hambre. Cuando llegaron a la casa, no aguantó más y le dijo que se había enterado de que yo era gay. Mi mamá se asustó y se adelantó a entrar a la casa, subió las escaleras angustiada y me dijo: «Tu papá ya sabe, tu papá ya sabe». Todo esto lo sé por una conversación que tuve posteriormente con mi mamá.

Al entrar a la casa, mi papá subió directamente a mi habitación. El momento que más había temido en mi vida había llegado. Recuerdo todavía el sonido de sus pasos subiendo la escalera hasta mi cuarto. Fue una confrontación durísima, como si todo el peso de la realidad se viniera encima de mí en un solo momento. La conversación fue como una pesadilla, una de esas en que todo parece irse al extremo, donde las emociones se desbordan y no hay un respiro en el aire. Sentí una opresión en el pecho, y confieso que en ese momento quería morir. Lo que sentí fue un rechazo total, un golpe de incomprensión tan grande, que me arrinconó. Mi papá en ese instante parecía haberse convertido en algo distinto, en una figura casi irreconocible: lleno de ira, miedo y confusión. Sus palabras, su tono, su actitud eran como si la vida que conocíamos hasta ese momento se estuviera derrumbando frente a nosotros. Al final de la conversación, lo último que me dijo fue: «Lo único que te pido es que esto no se sepa hasta que yo me muera».

Mi mamá, al ver cómo escalaba la conversación, intervino rápidamente, defendiendo lo que ya sabía, lo que siempre había sabido, pero que no había podido aceptar hasta ese momento. Fue una especie de lucha en la que no pude evitar sentirme atrapado entre dos mundos. Mi mamá, aunque no libre de dudas por completo, intentó protegerme y frenar lo que podría haber sido un enfrentamiento aún más destructivo. Era como si su defensa fuera una barricada, tratando de evitar que el impacto fuera total, al menos para mí. La actitud de mi mamá era la de una leona defendiendo a su cachorro. A pesar de que mi papá era el amor de su vida, ella estuvo realmente de pie ahí para mí.

Esa situación me hizo darme cuenta de algo doloroso, pero real: los padres, en muchos casos, son los primeros en saberlo, pero los últimos en aceptarlo. Esa aceptación no llega de inmediato, ni siquiera por el hecho de ser los primeros en conocerlo. Y aunque el amor de ellos sea incondicional, la confrontación con la realidad de lo que no habían imaginado, lo que no encaja en sus expectativas o en sus sueños, crea un abismo difícil de cruzar. Es un proceso largo y doloroso para ambos lados, uno en que se cruzan muchas emociones: el miedo, el dolor, el desconcierto. Mi papá, en su choque, mostró lo que sentía en su interior, pero también reflejó lo que la sociedad le había enseñado sobre lo que está bien y lo que está mal.

Ese día, el miedo a lo desconocido se manifestó de una manera tan cruda, que me hizo preguntarme cómo podemos esperar que nuestros padres acepten algo que ni ellos mismos están preparados para comprender. No es fácil, y sé que en el fondo mi papá no estaba atacándome por lo que soy, sino por lo que esa revelación significaba para él, para los estándares morales de su familia y para el mundo que había construido en su mente. Era como si la verdad, mi verdad, lo hubiera sacudido de su zona de confort y no supiera cómo enfrentarse a ella. La aceptación es un proceso doloroso y lento, sobre todo cuando se trata de romper con ideas preconcebidas y expectativas generacionales.

A pesar de todo el dolor de ese episodio, entendí que ese proceso de aceptación era algo que, en algún momento, él tendría que recorrer por su cuenta. Y aun cuando la confrontación fue difícil, me di cuenta de que, al final, no se trataba de ganar o perder, sino de permitir que ambos, como papá e hijo, viviéramos nuestra verdad, a nuestro tiempo, a nuestra manera.

Mi papá era un excelente hombre, un ser extremadamente noble, sin egoísmos, sentimental, pero tenía unas ideas muy fijas y a su estilo, como la mayoría de los hombres de su tiempo. Su talón de Aquiles era que yo fuera gay, por eso me pidió que esto no se supiera hasta que él se muriera.

Lo que sucede, a mi parecer, es simple: en nuestra realidad hay una doble moral. Hay hombres infieles que se acuestan con decenas de mujeres y hombres con negocios ilícitos que son aceptados dentro del estándar del macho latino, en contraste con hombres gays que se perciben como algo fuera de la moral. Puedo decir que hay una gran cantidad de hombres casados que buscan a gays «de clóset» porque saben que no los van a exponer ni meter en una situación conflictiva. Obviamente, no se puede juzgar, porque hay gente que ha tenido que hacer esto y no ha podido salir de ese círculo a raíz del juicio, el temor y la presión, y han tenido que vivir su sexualidad en silencio para tratar de sobrevivir en la vida.

Al escribir esto ahora, como adulto, me conmueve pensar en lo que él debió haber sentido. La empatía me hace pensar que, en ese instante, no solo le estaba mostrando una parte de mí, sino el peso de todo lo que había ocultado y temido. Fue un momento difícil para él, y aunque su reacción fue dolorosa, en retrospectiva la entiendo.

El amor y la lealtad hacia mis padres siempre han sido lo más importante para mí, pero su miedo no me pertenece, y a pesar de todo, tenía que poner límites, cuidar mi intimidad y demostrarles, aunque fuera a través de mis acciones, que ser gay no cambiaba mi esencia. Hoy en día reafirmo que no cambiaría nada de mi vida porque fue el camino que me llevó al lugar de autenticidad que elijo como estilo de vida. Es cierto que hubo momentos en que sentí que les había «jodido» la vida a mis padres, pero ese juicio lo trabajé en terapia. Fue un proceso largo y difícil, pero cuando pude entender que él no cambiaría, que no podía modificar lo que había sucedido, pude poner en su lugar lo que realmente me pertenecía: mi vida, mis decisiones, mis límites.

Como adulto, comprendí que, aun si mi papá temiera lo que mi orientación representaba para él, yo debía enseñarle con mi ejemplo que eso no me hacía menos, que mi identidad no alteraba mi capacidad de ser un buen ser humano. Y eso se refleja incluso en algo tan simple como mi actitud hacia el amor y la sexualidad. El sexo, a sus ojos, tal vez podría haber sido un choque, pero lo que le estaba mostrando era que treinta minutos de intimidad y amor con una persona del mismo género no podrían cambiar mi humanidad. No afectaban lo que ya había trabajado en mi vida y lo que seguía siendo importante para mí. Mis valores, mi ser, mi esencia no dependían de esa parte de mí. Esa fue mi forma de enfrentarlo, de entender que, incluso a través del dolor, uno tiene que mantenerse leal a sí mismo, con respeto y con límites claros.

¿Qué es ser un buen hombre?... Esa pregunta parece sencilla en la superficie, pero a medida que la desentraño me doy cuenta de cuántas paradojas y contradicciones existen alrededor de ella. Desde que era joven me enseñaron que un «buen hombre» debe ser respetuoso, fuerte, responsable, protector. Pero conforme crecía, empecé a cuestionarme: ¿realmente todas esas cualidades aplican en todos los casos? ¿Son características absolutas o tienen excepciones dependiendo de las circunstancias?

Lo que me impactó más fue la diferencia que se hace entre lo que un hombre puede ser «de la cintura para arriba» y lo que puede ser «de la cintura para abajo». En términos simbólicos, lo que se espera de la parte racional, visible, es que el hombre sea exitoso, capaz y firme, y está generalmente aceptado. Pero por otro lado, lo que ocurre más allá de lo que se ve, en la intimidad, en los sentimientos, en lo que no se expone públicamente, parece estar bajo un juicio constante. Si la cabeza y el corazón de un hombre se muestran fuertes y controlados, todo está bien. Pero si esas mismas cualidades se traducen en una vida sexual o afectiva diferente a la «norma», el juicio cambia. Ahí empiezan las críticas, las condenas. Se convierte en un tema de moralidad, de lo que es aceptable o no, como si nuestras decisiones sobre el amor o el deseo pudieran definir nuestro valor como persona.

Lo que se critica es la diferencia entre lo que se espera y lo que realmente sucede. Se critica lo que se percibe como «desviado», lo que rompe con el modelo tradicional. Se condena lo que no encaja en el molde de la heteronormalidad, sin considerar que lo único que se está buscando es amor, conexión y aceptación, sin importar el género ni la identidad. Se asume que lo «natural» es amar solo lo opuesto, pero se ignora la realidad humana y la complejidad de la identidad.

Ser gay no se trata solo de amar a alguien de mi mismo sexo, aunque esa es la etiqueta que me imponen. De la doble moral surge esta crítica, el juicio constante de aquellos que esperan que encajemos en ciertos roles y comportamientos. Mientras tanto, la realidad es que muchos viven en contradicción, ocultando sus verdaderos deseos y acciones, como lo hice yo hasta escribir estas líneas.

Es ahí donde empieza el conflicto: la doble moral de una sociedad que condena la verdad de unos, pero acepta la mentira de otros. Yo decidí asumir mi verdad, aunque sé que no es fácil. Decidí ser honesto conmigo mismo, aun sabiendo que en este proceso quizás algunos optarían por vivir de las apariencias. La realidad es que, si la sociedad permite la doble moral, entonces yo también podría haber decidido seguir con una doble vida, ocultando mi identidad para evitar el rechazo. Pero no quise ser parte de esa hipocresía.

Lo siento mucho por ti que me estás leyendo. Entiendo que algunos se van a decepcionar o van a empezar a salir los adjetivos de rechazo y juicio, pero quiero vivir con integridad y transparencia, ser congruente, honrar mi palabra conmigo, ser leal a mi verdad, así que, si no cumplo tus expectativas, lo entiendo. Yo quiero paz.

¿Cuántas veces has señalado o juzgado a otros por lo mismo que en silencio te negabas a ti mismo con tal de fingir que eres un buen hombre? Al final, la verdadera pregunta no es qué es ser un «buen hombre», sino cómo definimos nuestras propias reglas y cómo decidimos vivir en un mundo lleno de contradicciones. ¿Qué me hace ser un buen hombre? El amor que doy, la lealtad que muestro y, sobre todo, la autenticidad con que enfrento mis propios miedos y juicios. Y aunque no siempre es fácil, seguir siendo fiel a uno mismo es el mayor acto de valentía que uno puede tener.

Sudáfrica, el mundial de fútbol

El 4 de junio de 2010, antes de partir a Sudáfrica, algo inesperado ocurrió: despidieron a Mari García Márquez, la productora ejecutiva de *Despierta América* en Univision, un cambio impulsado por una reestructuración de gerencia que llevó consigo nuevas estrategias y una renovación de talentos. Para mí, esto representó mucho más que un simple cambio organizacional. Fue perder el apoyo que había sido mi ancla durante todo ese tiempo. Ella fue quien me dio esa oportunidad, y su salida dejó un vacío emocional que me hizo sentir perdido, sin rumbo, como si de repente se desmoronara todo el trabajo que había hecho. Sin esa figura, sentí que perdía el norte.

Con la llegada de la nueva productora ejecutiva me enfrenté a una crisis personal y profesional. Me fui a Sudáfrica, pero no era el mismo. La ansiedad me consumió. El miedo a lo desconocido, la presión por el cambio, la sensación de no sentirme aceptado, todo se desbordó en mí. Fue una de las épocas de mayor ansiedad en mi vida, una ansiedad obsesiva que no solo me afectó mentalmente; se reflejó en mi cuerpo. Comía en exceso, fumaba más de lo habitual, bebía más alcohol. La sensación de perder el control era constante. Mi mente no encontraba descanso. Recordé los mismos niveles de ansiedad que sentí cuando llegué por segunda vez a Estados Unidos, el mismo desarraigo, el mismo miedo a la incertidumbre.

Estar en Sudáfrica y ser parte de un equipo de Univision era un honor, un sueño hecho realidad. Pero por otra parte no podía quitarme la sensación de estar viviendo una contradicción interna. Era un contraste brutal: tenía la oportunidad de pertenecer a algo grande, pero me sentía totalmente solo y vulnerable, como si cualquier cosa pudiera desplomarme de un momento a otro. Las noticias sobre despidos y otras posibles salidas de personal llegaban constantemente. Me decían que estaba haciendo bien mi trabajo, pero la incertidumbre persistía. Vivir con esa constante amenaza de ser el siguiente en irse fue desgastante. No sabía si iba a ser mi último día en el programa o si seguiría al día siguiente. Esa situación persiste en el medio de la televisión.

El viaje a Sudáfrica duró nueve semanas, y la ansiedad me acompañó cada día. En ese tiempo subí 30 libras. El control que sentía sobre mi vida había desaparecido y estaba tratando de aferrarme a lo único que parecía darme una salida, aunque fuera momentánea.

Al regresar, la incertidumbre seguía. Los cambios no solo venían en el equipo, sino en el programa. Cada mañana, al llegar a la oficina, sentía que podía ser el último ahí. Además se imponía un nuevo enfoque: el elemento físico y estético comenzó a ser fundamental para la gerencia. La apariencia ya no solo se trataba de lo que sabías hacer, sino de cómo lucías mientras lo hacías. Otro golpe a mi autoestima, porque me sentía atrapado entre las expectativas profesionales y las presiones personales, todas entrelazadas, de manera que cada decisión y cada paso me sentían más pesados que el anterior.

Esa época marcó un punto de referencia en mi vida, un «fondo» al que no quiero regresar. Quería encontrar una solución rápida para el sobrepeso. Pesaba 280 libras y ya no podía seguir ignorando las consecuencias de las 80 libras extra que llevaba encima. Sabía que había llegado a un punto donde el simple hecho de bajar de peso no era suficiente. Eran las libras que había acumulado a lo largo de los años, todo eso sumado a las presiones emocionales que me estaban consumiendo. Así que tomé la decisión de buscar una solución extrema, una que, en mi desesperación, me parecía la única salida.

Sin hablar con nadie, decidí hacerme una piloroplastia. Mi estómago, como todo mi cuerpo, estaba al borde del colapso. Esto no solo era una cuestión estética, sino médica. Justifiqué la decisión bajo el marco de un problema real de salud, y la operación parecía ser la respuesta perfecta tanto para el sobrepeso como para los problemas gástricos.

Busqué a un doctor reconocido en el sur de Florida, alguien de confianza, y tras hacerme una serie de exámenes, califiqué para la operación. Se programó la fecha. Sentí que era lo único que podía hacer en ese momento. La cirugía fue ambulatoria y todo parecía estar bien organizado. Tomé el viernes libre del trabajo para prepararme. El jueves, después de realizarme los exámenes preoperatorios, me fui a casa a descansar. Al día siguiente me realizaron la operación, que en teoría me ayudaría a perder peso rápidamente al modificar una parte de mi sistema digestivo. Fue una intervención que parecía ser sencilla y eficaz.

Después de la operación me dieron un jugo de manzana para tomar a las dos horas. No tenía hambre, pero sentía que debía seguir las indicaciones médicas. Al principio todo parecía estar bien pero, cuando traté de beberlo, mi estómago reaccionó de inmediato. Vomité. Me dijeron que era normal, que la inflamación podría estar causando esa reacción. Esperé, confiado en que mi cuerpo necesitaría un poco de tiempo para adaptarse.

Sin embargo, la historia no terminó ahí. Volví a intentar tomar el jugo, y de nuevo lo vomité. Pensé que sería cuestión de tiempo. Me dijeron que todo seguiría su proceso, pero la situación no mejoraba. Tres horas después probé de nuevo, y una vez más, mi estómago rechazó el líquido. La operación, que en teoría debía haber sido el inicio de una recuperación, se convirtió en una pesadilla. Mi cuerpo no respondía como esperaba, y en vez de sentir alivio, me sentía más abrumado y confundido.

El doctor que me operó llegó a la habitación y me recomendó que esperáramos un día en observación en la clínica. Al día siguiente, mi mamá se fue del cuarto un momento y me quedé solo. Empecé a experimentar una sensación como si una bola de fuego me recorriera desde la planta del pie, y a medida que subía, el dolor aumentaba y la sudoración era interminable. Intenté apretar el botón de emergencia. Sentí una explosión interna a la altura del estómago. No podía hablar del dolor, no podía respirar. Me acuerdo que me dije: *No quiero morir.*

Llegaron las enfermeras y me inyectaron algo que me hizo perder la conciencia. En algún momento abrí los ojos y entré de nuevo en el sueño. Al despertar, el médico relató que me volvieron a operar debido a una septicemia, pues me había estallado el píloro. Cuando entré en el quirófano por segunda vez, se paralizó mi pulmón izquierdo y, por ende, entré en paro respiratorio. Tuvieron que revivirme.

Poco a poco fui recuperándome físicamente, pero el peso emocional que llevaba encima seguía ahí. Mantener todo oculto se había convertido en un patrón en mi vida, un mecanismo de defensa que me protegía de los juicios, pero a la vez reforzaba mis miedos más profundos. Una vez más, estaba atrapado en el círculo de evitar la exposición y perpetuar la mentira. Era como si cada decisión estuviera cargada de la necesidad de esconderme, de no mostrar mi vulnerabilidad.

El 18 de julio de 2010 salí de la clínica. Era un día significativo, el cumpleaños de mi papá, pero en vez de celebrarlo con alegría, lo viví con una mezcla de alivio y confusión. Había sobrevivido a la operación, y aunque físicamente estaba mejor, sentía la necesidad de encontrar algo más que un simple alivio físico... Necesitaba paz.

Después de salir del hospital decidí ir directamente a la misa del sacerdote Israel Mago, quien más tarde se convertiría en párroco de la iglesia de Nuestra Señora de Guadalupe. En aquel entonces, su comunidad no tenía una sede fija, y las misas se celebraban en la cafetería de un colegio. Recuerdo entrar al lugar, donde las mesas estaban dispuestas para los feligreses, y sentir de inmediato las miradas y los murmullos. Aunque no podía escuchar exactamente lo que decían, las palabras flotaban en el aire como un susurro colectivo: «Es el de *Despierta América*, ¿qué le pasó? Parece enfermo».

Todavía llevaba drenajes debajo de mi ropa, escondidos bajo una camisa ancha, pero no lo suficiente como para pasar desapercibido. El sacerdote Israel Mago me vio desde el altar. Detuvo lo que estaba haciendo, me señaló y preguntó en voz alta: «Muchacho, ¿a ti qué te pasó?». Fue una pregunta directa, sin juicio, pero cargada de curiosidad y quizás de preocupación.

Asistir a esa misa no solo fue una manera de agradecer a Dios por la oportunidad de seguir con vida; fue un primer paso hacia la reivindicación de mi fe. Había perdido muchas cosas en el camino, pero sentí que, de alguna forma, este era el comienzo de algo diferente, una señal para retomar fuerzas y reconstruir mi relación conmigo mismo y con lo divino.

A nivel físico, bajé de 280 libras a 240, y aunque todavía quedaba un largo camino por recorrer, ese progreso me dio un atisbo de esperanza. Lo único que deseaba era que esto no fuera más que un cambio en el número de la báscula. En ese momento entendí que no podía seguir buscando soluciones externas a problemas que eran profundamente internos. Me enfrenté a una verdad incómoda, pero necesaria: el peso que cargaba no era solo físico, sino emocional y mental. Me dije: *Raúl, tienes que buscar una solución dentro de ti, algo que vaya más allá de las dietas, las cirugías y los parches temporales. Es hora de sanar desde adentro.*

Fue entonces cuando decidí que la ayuda psicológica era fundamental para iniciar un proceso de sanación real. Reconocí que mi adicción al miedo, a vivir en silencio y a esquivar mis emociones no podía seguir marcando mi vida. Necesitaba un cambio profundo que no solo aliviara los síntomas, sino atacara la raíz de mi dolor.

Busqué a un terapeuta, alguien que me pudiera guiar a través de ese viaje. Durante nuestra primera sesión, me miró a los ojos y me dijo una frase que todavía resuena en mi interior:

Cuando el éxito representa la muerte, no es éxito.

Esas palabras me dejaron sin aliento. No podía seguir midiendo mi valor a través de logros externos mientras ignoraba cómo me estaba destruyendo por dentro. En ese instante comprendí que había estado persiguiendo una idea de éxito que me estaba asfixiando, que me alejaba de la felicidad y me acercaba peligrosamente a mi propia aniquilación emocional.

Una de las bases más profundas que alimentaban esa adicción era el miedo: el miedo a perderlo todo, a no tener dinero, a enfrentar la incertidumbre. Ese temor estaba anclado en experiencias previas, como los cambios en Univision que amenazaban mi estabilidad profesional y el riesgo latente de mi operación, que me hizo enfrentar de cerca la posibilidad de morir.

Con el tiempo, mi recuperación continuó y logré bajar hasta 170 libras. Sin embargo, el peso perdido era solo una parte del proceso.

Otra operación de nuevo, y de nuevo la recaída

Cuando logré perder peso y vi mi cuerpo marcado por la flacidez que dejó la pérdida de 110 libras, tomé la decisión de someterme a una cirugía plástica para mejorar la apariencia de mi cuerpo. En 2011 me realicé una abdominoplastia (*tummy tuck*) y una liposucción. Tal era mi obsesión con el peso y con encajar en un estándar, que apenas saliendo de una segunda operación para corregir lo de la piloroplastia decidí entrar de nuevo a un quirófano. Esta vez para eliminar los pliegues de piel que me recordaban constantemente mi lucha con la gordura. Era evidente que mi necesidad de lucir bien y de sentirme aceptado había tomado el control, dejándome atrapado en un ciclo que parecía no tener fin.

Pasé casi dos años con el peso estable, pero con muchos picos emocionales. Seguía comiendo a escondidas y vomitaba. Las cirugías funcionaron perfectamente en mi cuerpo, pero no en mi mente. Seguía pensando y sintiendo como gordito. Me negué públicamente a reconocer las operaciones. Hoy en día ya lo expongo ante la audiencia. Me negué porque valoraba más la aprobación de otros que la mía. El miedo me calló.

Lamentablemente, en 2013 comencé a subir de nuevo una cantidad considerable de peso y volví al ciclo de seguir probando todas las dietas, pastillas, programas de ejercicio, gimnasios y entrenadores que hubiera. Continuaba mi viaje por una montaña rusa de tallas y emociones. De nueva cuenta le hice mucho daño a mi cuerpo y a mi autoestima. Y algo que esta vez me dolió fue que la gente que más amaba, mi familia y mis amigos, dejaron de creer en mi compromiso contra el sobrepeso. Ya estaban cansados de mi falta de disciplina y fuerza de voluntad.

CAPÍTULO 8

Renacer

El miedo no es un enemigo, es un consejero.
Si lo escuchas sin dejar que te paralice,
te mostrará exactamente lo que necesitas superar.
—PAULO COELHO

No hay nada peor que mirarte al espejo y no gustarte de pies a cabeza. Tú, que estás leyendo estas palabras, ve al espejo y mírate desnudo o desnuda, y pregúntate: *¿Te gusta todo lo que ves?*

Si eres de los que sienten rechazo, incomodidad, vergüenza o incluso rabia, entonces entenderás lo que voy a contar. Porque así me sentía yo. Y no hablo de un mal día o de una etapa pasajera. Era un estado permanente, una batalla diaria contra mi reflejo, contra mi cuerpo y contra todo lo que representaba para mí. Cada uno de mis excesos, cada atracón, cada episodio de ansiedad desembocando en comida tenía un origen, una chispa que encendía la tormenta interna que terminaba ahogándome.

Durante mucho tiempo no fui consciente de mis disparadores, simplemente actuaba por impulso, como si estuviera poseído por un hambre que no era física, sino emocional. Los sentimientos presentes en mi día regular eran:

Rechazo.
Miedo.
Burla.
Baja autoestima.
Rabia.

Desde niño asumí que yo era diferente, que mi cuerpo no era aceptable, que mi presencia debía encajar en un molde al que nunca pertenecí. Fuera por mi peso o mi orientación o simplemente por no ser lo que otros esperaban, el mensaje era claro: yo no era valioso y yo no era suficiente. Y cada vez que alguien me rechazaba, me hundía un poco más. Debido a ese rechazo, sentía miedo a no ser querido, miedo a ser señalado, miedo a ser descubierto, miedo a que lo que yo era en esencia no fuera digno de amor. Eso me impactó incluso en el área de mis relaciones afectivas. Me era muy difícil encontrar un vínculo real y amoroso, pues obviamente el que se rechazaba primero dentro en mi cabeza era yo, así que no podía abrirme a amar. Y ante ese miedo, la comida se convirtió en un escudo contra el dolor.

Las palabras pueden ser cuchillos. Pueden hundirse tan profundo que siguen doliendo años después. Las risas, los apodos, los comentarios disfrazados de bromas y las críticas destructivas dejan heridas por años. A veces reflexiono sobre las personas que escriben una crítica como «maricón», «payaso», «ridículo» o un mal chiste, no se dan cuenta del dolor y la herida que pueden ocasionar, dependiendo de la vulnerabilidad y la inseguridad de quien la recibe. En mi caso, no soy un hombre que se unta mantequilla para que se le resbalen los comentarios de ese tipo. Cada burla reforzó en mí una coraza, pero también me enseñó a despreciarme antes de que lo hicieran los demás. Como si al castigarme primero pudiera evitar el dolor de que otros lo hicieran. Ese proceso reforzó mi baja autoestima. ¿Cómo puedes valorarte cuando toda tu vida te han dicho que no eres suficiente? Aprendí a minimizarme, a evitar los espejos, a esconder mi cuerpo bajo ropa holgada, a mostrarme «macho», fingiendo seducir mujeres, a ocupar el menor espacio posible en un mundo que parecía decirme que sobraba. Y sí, había tristeza, pero también había rabia conmigo mismo por no poder cambiar, por no ser lo que quería ser. Rabia contra el mundo, contra quienes me juzgaron, contra quienes nunca intentaron entender. Pero sobre todo, una rabia silenciosa que dirigía hacia mí mismo, una furia autodestructiva que me empujaba a sabotearme una y otra vez. Y cuando crecemos creyendo eso, todo en la vida se refleja en tus relaciones, en tu trabajo y en tus proyectos personales.

El «no merezco» se convirtió en mi lema. No merezco amor. No merezco paz. No merezco estar bien. Cada vez que alguien me elogiaba o reconocía mi valor, mi mente lo desechaba de inmediato. No lo creía. Me costaba aceptar cualquier reconocimiento o valoración porque en el fondo seguía sintiéndome el niño rechazado, el joven señalado, el adulto roto. Durante años permití que esos disparadores definieran mi vida. Pero ya no. Hoy elijo mirarlos de frente, entenderlos y, sobre todo, dejarlos ir. Al final, la única persona que podía romper el ciclo tóxico era yo.

Sabotear mis logros

A finales del año 2013 hubo otra crisis en Univision. Era otra señal de que mi ciclo en la cadena estaba llegando a su fin. Las diferencias con un ejecutivo sobre el rumbo de mi carrera fueron la gota que derramó el vaso. No estaba dispuesto a seguir esperando que se materializara lo que yo imaginaba para mi futuro, así que decidí irme y abrirme camino en una nueva oportunidad. Probé suerte en otra cadena de televisión hispana.

El cambio me golpeó con fuerza. La ansiedad apareció como una sombra persistente, trayendo consigo esos viejos patrones que ya conocía bien. Miedo. Inseguridad. La sensación de no ser suficiente. Aunque estaba en un contexto distinto, las emociones eran las mismas. Era como si mi mente buscara confirmar un viejo guion: el de que, por más que hiciera, nunca sería suficiente. Y ese pensamiento me consumía.

En la transición de mi salida de Univision y mis inicios en la cadena Telemundo, me tocó enfrentar un desafío a mi estabilidad emocional: diagnosticaron a mi hermana Militza con cáncer de mama.

La llamada

Fue una llamada de mi mamá. Recuerdo perfectamente que venía manejando cuando sonó el teléfono. Respondí, y lo que escuché al otro lado del auricular me desarmó: la biopsia había salido positiva. Militza tenía cáncer de seno. Frené el carro de golpe. El aire se volvió tan denso que no podía respirar. Sentí que el corazón se me iba a salir por la boca. El mundo, mi mundo, quedó suspendido en ese momento. La mujer que siempre había parecido poderosa con todo, que había sido fortaleza, impulso, dirección… se volvió de pronto frágil, vulnerable y ahora enferma.

Sentí rabia. Impotencia. ¿Por qué a ella? ¿Por qué a una mujer que para mí es sagrada, una de las personas más importantes de mi vida, le tocaba vivir eso?

Verla atravesar ese proceso fue de las experiencias más duras que me ha tocado enfrentar. Su cambio físico, su cansancio visible… pero también su lucha. Su capacidad de conquistar poco a poco pequeños espacios de victoria.

La acompañé a su primera quimioterapia. Estuve ahí, dándole fuerza, dándole amor. Siempre. A veces fuerte, a veces hecho pedazos por dentro, pero sin mostrar mi dolor. Lo que importaba era que ella no sintiera que yo me caía. El cáncer nos acercó como nunca antes. Más de lo que ya estábamos unidos. Nos acercó a lugares nuevos: al miedo, a la incertidumbre, al dolor. Temas que para mí no eran extraños, pero que jamás había compartido así con ella.

Aprendimos a no callarnos nada.
Aprendimos a no exagerar en los «te quiero».
Aprendimos a vivir sin postergar.

Durante un tiempo lo mantuvimos en secreto, especialmente por mis sobrinos. Eran pequeños y no queríamos que sufrieran ni que sintieran una carga que no podían entender. Hicimos todo lo posible por protegerlos, aunque hoy ya lo saben. Esa Navidad fue un contraste brutal. La celebramos en mi casa. Por fuera intentábamos sostener la alegría por ellos: luces de bengala, «¡Feliz Navidad!», sonrisas... pero por dentro sosteníamos el dolor, la angustia, la incertidumbre de lo que vendría. Era como gritar alegría con la boca mientras el alma gritaba miedo en silencio.

Nos tocó, una vez más, callar el dolor.

Dos semanas sin hablar

A finales de 2015, cuando ya trabajaba en Telemundo, empecé un día normal de grabaciones. Era un programa que hice con mi amiga la actriz mexicana Angélica Vale, y de la nada me puse ronco, y no entendía por qué. Fui a ver a un doctor experto en laringe que es una eminencia, el doctor Richard Vivero, y cuando me hicieron todos los estudios, me dijo que tenía nódulos en la garganta y debían operarme enseguida para hacerme una biopsia. Afortunadamente, mis resultados fueron negativos; sin embargo, estuve en el postoperatorio dos semanas sin poder hablar, tiempo en el cual solo me comunicaba mediante una pizarra, un marcador y mensajes de texto.

Es interesante la analogía de esos nódulos, porque evidentemente son una consecuencia de esta carrera, además de que fumé y canté durante muchos años, pero por otro lado me di cuenta de que eran más que un problema físico, eran un mensaje de que mi cuerpo me gritaba y lo estaba ignorando. Ese peso que sentía al tragar, esa opresión constante en mi cuello me hacía preguntarme qué había estado callando durante tanto tiempo.

Según la tradición hindú, la garganta es el centro de la comunicación, el quinto chakra. Según su filosofía, ese chakra representaba la capacidad de expresar mi verdad, de comunicarme auténticamente y manifestar mis pensamientos y emociones con claridad. Pero yo me traicioné al reprimir la verdad, al encapsular mis palabras, emociones y deseos tras un silencio impuesto por el miedo. Y mientras mi boca permanecía cerrada, mi garganta se llenaba de todo lo que no decía.

El bloqueo no era físico nada más, sino emocional y espiritual. Dicen que ese quinto chakra se cierra cuando te niegas a ti, cuando niegas tu autenticidad y la posibilidad de hablar desde el corazón y de ser quien realmente eres. He jugado roles que no me pertenecen, disfrazado mi voz atrás de lo que creo que otros esperan de mí. Es irónico, pues siempre había querido ser genuino, pero al mismo tiempo había tenido miedo de serlo por completo.

Verdad guardada, enfermedad asegurada.
El cuerpo dice lo que la boca calla.

Mis nódulos son como gritos contenidos, palabras que se han enquistado sin salir. Cada vez que he guardado silencio cuando quería gritar, mi garganta ha cobrado la factura. Quizás mi cuerpo solo está intentando recordarme que tengo una voz que merece ser escuchada. Y que es hora de permitirme usarla. No solo para sanar físicamente, sino para reconciliarme con mi verdad más profunda. La semilla de este libro empezó con esos nódulos. Después de la operación decidí comenzar a decir mi verdad.

El día que el amor dolió como una herida

Después de la operación tuve que atravesar un proceso distinto. Un dolor que no era físico, pero que se sentía en cada fibra de mi cuerpo. Siempre había llevado mi vida afectiva entre cuatro paredes. Mis relaciones, mis vínculos… todos ocurrían en un mundo privado, reservado, que yo controlaba. Siempre fui yo quien decidía cuándo una relación terminaba o cómo se acababa. Y no, no era una imposición. Mis parejas entendían mi posición. Era una especie de acuerdo tácito. Un equilibrio silencioso. Pero esta vez fue distinto. Esta vez no tuve el control.

Después de casi diez años de relación en secreto —y por respeto a su privacidad, prefiero no mencionar su nombre—, me dijo: «Esta relación se acabó». Y yo me quedé mudo. Literalmente, había construido mi mundo y mi submundo con él. Y de pronto todo colapsó. Me derrumbé.

Jamás imaginé que el dolor del amor pudiera sentirse como un dolor físico. Me dolía el pecho. Me dolía el cuerpo. Me dolía el corazón. Lloré como un niño perdido. Como un hombre herido. Caí en depresión. Me apagué. Perdí la chispa que siempre había estado encendida. Comencé a beber todos los días. No dormía. Me levantaba con los ojos hinchados, sin ganas de hablar con nadie. Me sentía vacío. Desechado. Insignificante.

Había sido la pareja con la que más tiempo estuve. Y aunque la relación ya mostraba señales de desgaste, su final me tomó por sorpresa.

Una noche, intentando encontrar algo de descanso, me recosté en la cama de mi mamá. Lloraba. Lloraba sin poder parar. Y le dije una frase que aún me retumba por dentro: «Mamá, yo sé que debe ser duro ver a un hijo llorar… pero más duro debe ser ver a tu hijo varón llorando por un hombre. Perdóname».

Ella me abrazó fuerte. Muy fuerte. Y me dijo: «Llora, hijo. Llora todo lo que tengas que llorar. Pero no te olvides de quién eres. Ni de lo que vales».

Ese abrazo, ese permiso para llorar, ese amor tan limpio… fueron de las cosas que me dieron fuerzas para empezar a salir de ese dolor. Hoy puedo compartir una reflexión: esa ruptura me rompió. Me desarmó. Pero también me enseñó. Como dice una canción que solía interpretar Reina Lucero, una cantante venezolana:

Son mentiras… nadie se muere por nadie.
Son mentiras… nadie se muere de amor.

Quiero hacer una pausa en el relato para agradecer a los familiares y amigos que me acompañaron en ese proceso, especialmente a mi amiga y periodista Mandy Friedmann.

Ya más adaptado a Telemundo en 2017, me di cuenta de que algo no encajaba. Las expectativas de ambas partes no se alineaban. Ellos esperaban algo distinto de mí y yo esperaba algo distinto de ellos. Lo intentamos, pero al final el contrato llegó a su fin. Me ofrecieron una renovación, pero con una propuesta que no resonaba conmigo. No podía aceptar algo que no quería. Así que decidí no renovar. Y de pronto, después de quince años en televisión, me encontré en un vacío. Sin rumbo. Sin piso.

Durante esos quince años había construido un patrimonio, una estabilidad financiera, una zona de confort. Pero de un momento a otro todo se sintió amenazado. Aunque sabía lo que no quería, la incertidumbre me consumió. Y con ella llegaron mis viejas herramientas de escape. Me dije a mí mismo que mi carrera televisiva había terminado, y con ese pensamiento le abrí la puerta de nuevo a la comida y al alcohol. Era como un reflejo automático: a mayor miedo, mayor necesidad de anestesiarlo.

Me paraba frente al espejo diciéndome: «Soy un fracaso. ¿Y ahora qué voy a hacer?». Sentía miedo mezclado con ansiedad por sentirme desprotegido y sin rumbo. Siento que, como inmigrante, esa sensación y ese sentimiento vuelven muy rápido.

Eduardo Ortiz fue un pilar en esa etapa, periodista brillante a quien considero un hermano del alma. Compartíamos largas conversaciones entre copas y platos de comida, además de que, en momentos cruciales, su voz fue como la de Pepe Grillo hablándole a Pinocho. A veces me empujaba a la reflexión. Me hacía ver mi propia autodestrucción. Pero en otras ocasiones, simplemente nos perdíamos juntos en la evasión. Porque a veces el dolor compartido parece menos doloroso.

Llenaba las mañanas con la radio y las tardes con mis demonios: la angustia, el miedo, la frustración. Había algo peligroso en esa ecuación: cuando asocias tu adicción con algo positivo, el daño se disfraza de placer. Te convences de que el impacto negativo no es inmediato, de que hay tiempo, de que no es tan grave. Me decía que eran solo momentos, que ya encontraría la manera de salir de ahí. Pero los días se convertían en semanas y las semanas en meses.

Pero la báscula no miente, y la realidad tampoco. Sin darme cuenta, había vuelto a las 250 libras. Más allá del número, lo que dolía era lo que representaba: la confirmación de que había vuelto a perder el control.

Y yo había usado el miedo como un ancla. Me detenía. Me paralizaba. Me hacía repetir patrones que creía haber superado. ¿Cuántas veces más iba a permitirme caer en el mismo ciclo? ¿Cuántas veces más justificaría mi propio sabotaje? ¿Cuánto más iba a permitirme confundir refugio con prisión?

Me tomó tiempo entender que el miedo solo tiene el poder que uno le da. Seguir escondiéndome tras excusas y placeres momentáneos solo me mantenía atrapado en un ciclo del que yo mismo tenía la llave. La única forma de romperlo era enfrentándolo con disciplina y herramientas reales y útiles, dejando de buscar refugio en lo que me destruía y apostando por primera vez en mucho tiempo en mi propia recuperación.

En febrero de 2018, tres meses después de completar mi relación con Telemundo, me llamó de nuevo Univision para animar el Teletón USA. La noticia se dio en la alfombra roja de los Premios Lo Nuestro, nadie se imaginaba, ni yo mismo, que esto podría suceder. Ahí sentí alegría porque se me abrieran de nuevo las puertas de Univision y por seguir haciendo lo que me apasiona.

Todavía no sé cómo expresarlo, porque regresé a través de un proyecto de servicio tan especial como el Teletón, pero rompiendo el paradigma de que nadie vuelve al trabajo del cual se fue.

Luz María Doria, vicepresidenta ejecutiva de *Despierta América*, a quien tengo mucho que agradecer (aunque a ella no le gusta que lo diga), tuvo la gentileza de invitarme la semana previa como coanfitrión para promocionar el Teletón. Para mí fue regresar a casa. Durante un tiempo, después del Teletón estuve de coanfitrión cuando algún anfitrión se iba de vacaciones. Muchas personas me escribían en las redes felicitándome por mi regreso, diciéndome que me extrañaban, y por otro lado estaban los *haters* diciendo frases como: «Qué bajo has caído, antes eras el titular, ahora eres el suplente de Alan Tacher». Una productora a quien quiero mucho me puso el título de: «El tapahuecos de *Despierta América*». Me tocó aprender a reír e ironizar las críticas destructivas y los comentarios sin valor que recibía.

El cáncer de mi papá

Una situación que impactó a la familia comenzó cuando mi papá recibió los resultados de un examen de próstata, reflejando que sus valores de PSA (antígeno prostático específico, por sus siglas en inglés) estaban altos. Comenzó entonces a tomar pastillas para disminuirlo, pero a los dos meses el valor seguía alto y aceptó hacerse una biopsia. Lamentablemente, le diagnosticaron cáncer de próstata y de inmediato inició un tratamiento de radioterapia, al cual no respondió como se esperaba. Su cáncer creció y se extendió a la vejiga, y más adelante se extendió a los huesos. En menos de seis meses ya era metástasis, y le generaba mucho dolor.

Cuando lo diagnosticaron, me dijo: «Yo me quiero morir. He vivido lo suficiente, he hecho todo lo que he querido en mi vida, no quiero ser una carga. Yo no quiero ser un saco de papas». Me rompió el corazón.

Mientras esto sucedía, en marzo de 2019 me llamaron para participar en la obra *Oficialmente Gay III: Operación Corea*, interpretando el papel del líder supremo Kim Jong-un. Me eligieron por mi apariencia y por tener el sobrepeso estimado del líder coreano. Esto me justificó aún más para seguir comiendo y no cuidar mi cuerpo. Empecé a trabajar con el escritor y director cubano Alexis Valdez

—una experiencia única—, e iniciamos los ensayos en el teatro Trail. Había trabajado en muchos géneros: drama, humor, narrativa, entre otros, pero esto fue una experiencia que me llevó a estudiar al personaje. Es una sátira del dictador con un alto contenido de ironía y, al final, Kim Jong-un termina siendo gay. Hasta utilicé una prótesis capilar para el personaje. Recuerdo una estrofa de la canción que decía: «Soy una yegua coreana». En ese tiempo seguía como invitado en *Despierta América*, como «el tapahuecos».

En abril de 2019 me volvió a contratar Univision. Ahí mismo empecé fijo como anfitrión, con Alan, Karla, Francisca, Carlos y Satcha. Me dieron la bienvenida. Me sentí como si me hubiera ido de viaje a un sabático y volviera a casa: en familia, como pez en el agua. Esta es la lección: no importa lo que te pase, cuando te vayas de un lugar o de un trabajo, siempre deja la puerta abierta.

Regresar a *Despierta América* fue volver a una rutina que no cambió desde el primer día. Mi día empieza a las 4:20 de la mañana. No hay margen para posponer la alarma. Me levanto directo, medio dormido, pero ya mi cuerpo está entrenado. En esa primera hora hago lo esencial para estar bien conmigo mismo: me baño, me afeito, escribo en mi diario de gratitud y reviso la agenda del día. Todo eso antes de que el mundo despierte.

A las 5:20 salgo de mi casa y a las 5:30 ya estoy entrando a Univision. Ese momento siempre tiene algo mágico. El canal está prácticamente vacío, el silencio es absoluto, y sin embargo, hay una energía que flota en el aire. Para mí es como llegar a la catedral de mi oficio. Ver cómo, poco a poco, se activa el corazón de una cadena como Univision… eso es pasión pura.

Llego al área de maquillaje. Ahí me espera Elizabeth, que me maquilla desde el *casting* que hice en diciembre de 2001. Entre ella y yo no hacen falta muchas palabras. Nos conocemos con solo mirarnos. Sabe cuándo estoy feliz, cuándo estoy preocupado, cuándo no he dormido bien. Me maquilla, me peina y, sin darse cuenta, también me da paz. Y sí, todos los que salimos en televisión tenemos que maquillarnos. No hay misterio. La cámara exige ciertas cosas y punto.

Mientras estoy ahí, con la taza de café en la mano, aparecen Mayra y Dalmis. A Mayra le decimos «la Exótica», y a Dalmis, «la Chiquis». Son inseparables. Dos mujeres cubanas, auténticas, disparatadas y chispeantes. No tienen filtro; tienen sabor. Son carcajadas en estéreo. Ellas hacen mi mañana. Sin su humor, sin sus locuras, sin sus frases de novela, mis días arrancarían con menos gusto.

Después de este minifestival de risas, voy a mi encuentro con Gio. Él también me ha acompañado desde el primer día. Me pone el micrófono y el apuntador. Es callado, casi invisible, pero indispensable. De esos que están en todo sin necesidad de hacer ruido. Siempre puntual, siempre concentrado, siempre impecable. A veces le saco conversación, sobre todo para que me cuente anécdotas de sus años trabajando con Don Francisco en *Sábado gigante*. Conmigo siempre ha tenido una conexión especial; silenciosa, pero firme.

Gio, con toda su precisión, ya me ha sacado la computadora y la ha dejado sobre un pequeño escritorio que está atrás de la escenografía. Ahí me siento a revisar los correos electrónicos del canal, leo noticias, repaso el contenido que se discutió el día anterior en la junta de producción, veo si hay cambios en la pauta y me preparo para lo que viene. Si me toca entrevistar a alguien, me sumerjo en su historia. Si hay algún segmento especial, lo estudio. Y si es lunes o jueves, tengo que hacer las promociones con las afiliadas: enlaces en vivo con noticieros locales de distintas ciudades, invitando a la gente a vernos. Esos contactos también sirven para calentar motores. Después grabo los titulares del día. Nos vamos turnando entre todos. Y poco a poco, van llegando mis compañeros, uno por uno.

Este es quizás el tramo más delicado para escribir en el libro. No puedo decir que quiero a uno más que a otro, porque eso sería injusto… pero lo cierto es que cada quien tiene su forma, su energía, su historia. Convivimos con las lagañas en los ojos, sin filtro. Y como en toda familia, hay días buenos y días no tan buenos, pero nada se queda pegado en el alma. Todo se resuelve.

Mi corazón comienza a latir más fuerte cuando nos dicen: «Faltan cinco minutos para el aire». Es en ese momento cuando se me sale por la boca el nervio. Porque sí, aún me pasa. Después de tantos años, aún siento mariposas en el estómago.

A las 7:00 a.m. en punto suena el *jingle* y arrancan las cuatro horas más intensas, alegres y exigentes del día. Información, entretenimiento, conexión con nuestra gente. Somos como una vitamina matutina para millones de hispanos en Estados Unidos, y llevar 28 años haciéndolo… se dice fácil.

A las 11:00 a.m. termina el programa. A veces me toca hacer la promoción del día siguiente. Después pasamos a la junta de producción con nuestra productora ejecutiva, Luz María Doria, y el resto del equipo. Ahí se evalúa lo que resultó bien, lo que hay que mejorar, y se ajusta todo para el *show* del día siguiente.

Quiero agradecer públicamente a todo el equipo de producción de *Despierta América*. Son unos guerreros creativos, dedicados y apasionados. Lo mejor de lo mejor. Lo mismo para el equipo técnico: sin ellos, literalmente, no hay *show*. Ellos son los que hacen que todo funcione, que todo brille. Desde las luces, hasta los cables; desde el audio, hasta el más mínimo detalle.

No puedo cerrar este capítulo sin mencionar a nuestra directora, Francy González. Una mujer brillante, firme, sensible y clara. Ella dirige el barco con autoridad y con corazón.

Así transcurre mi mañana. No es solo trabajo. Es propósito, es oficio, es parte de mi verdad.

CAPÍTULO 9

Mi transformación: volver a mí

La vida no es la que uno vivió, sino la que uno recuerda y cómo la recuerda para contarla.

—GABRIEL GARCÍA MÁRQUEZ

Una vez escuché decir al periodista y escritor Jorge Ramos: «Soy feliz en la piel que habito». En el año 2020 inicié el proceso de mi transformación y todo empezó al reconectarme con mi valor. ¿Qué significa ser valioso para mí? Abrazar que soy un ser humano que se ama y ama, que se respeta y respeta, que es congruente entre lo que siente, dice y hace. Es vivir acorde a mis valores. Y aunque haya algunos cortocircuitos en mi vida, es porque soy un ser humano que sigo aprendiendo y haciendo lo mejor que puedo con el estado de conciencia que tengo. Tardé mucho en darme cuenta de que sí soy un hombre valioso. No por mi trabajo ni por aceptar mi preferencia. Por reconocer la humanidad que hay en mí.

Cuando regresé a Univision se volvió real para mí que seguía con 240 libras, y pensé: *Raúl, otra vez vuelves a caer en lo mismo. ¿Por qué no puedes ser consistente en lo que te propones? ¿Hasta cuándo vas a seguir haciendo y cayendo en lo mismo? ¿Por qué te sigues autodestruyendo? ¿Por qué no te quieres?* Seguí buscando respuestas a estas preguntas y fue cuando descubrí el ayuno intermitente y empecé una transformación más responsable de mi cuidado físico a través de una alimentación más saludable, aunque creo que es mejor utilizar la palabra «consciente». Debo confesar que al principio tuve mucho miedo y me preguntaba: *Si no puedes dejar de comer a cada rato, ¿como vas a dejar comer dieciséis horas seguidas?* De todos modos, por mi deseo de alcanzar el objetivo, decidí hacerlo.

El ayuno me enseñó que la consistencia tenía un resultado visible. Mi cuerpo empezó a cooperar con mi ayuno. No quise hacerlo como una dieta o régimen de tantos que hice, sino decidí hacerlo como un estilo de vida. Dejé la ansiedad de pesarme. Había logrado llegar a un control menos drástico de mi cuidado, sin juicio, sin latiguearme tanto. A pesar de la enfermedad de mi papá, logré controlar en parte la ansiedad. Así que, para apoyarlos incondicionalmente, elegí mudarme con ellos para acompañarlos y apoyar a mi mamá en el cuidado de mi papá. Elegí hacerlo para «pertenecer» a algo mucho más grande; «a pesar de» no estar en paz, estaba en servicio. Y como decía la Madre Teresa: «Quien no vive para servir, no sirve para vivir».

Ver el proceso de deterioro de mi papá me desafió en muchas ocasiones. Me amarré al ayuno, pero más allá, me amarré a la intención de ser un verdadero sostén para mí y para mis padres. Necesitaba ser un punto de inspiración para ellos.

Cuando encuentras un lugar de inspiración para ti mismo y para otros, ese es el verdadero alimento del alma, no el placebo externo de la comida.

Cuidar de mi papá y ayudar a mi mamá fue sin duda el mayor acto de servicio que he realizado en mi vida, aunque nunca lo vi de esa manera mientras estaba ocurriendo. Cuando le diagnosticaron cáncer, todo cambió. Los días se volvieron más largos y los momentos más intensos. Mi padre, siempre fuerte y lleno de vida, se fue debilitando poco a poco, y yo me encontré asumiendo un rol que jamás pensé que tendría. Paralelo a esto, era pandemia, y en *Despierta América* empezó el proceso de contagio de covid. Históricamente, la televisión cambió, y empezamos a hacer el programa desde casa, sentados frente a una computadora. Mientras yo estaba en la sala haciendo el programa, animando, en el segundo piso estaba mi papá, quejándose del dolor que padecía, y yo me preguntaba: *¿Qué estoy haciendo con mi vida? ¿Qué me está enseñando esto?* Me sentía pésimo informando y alegrando a las personas, tratando de tapar o disimular lo que ocurría en el mundo mientras a unos metros de mí estaba mi padre sufriendo. Recuerdo que en los cortes comerciales subía corriendo a verlo y acompañarlo, porque no podía desconectar de mi corazón toda esta situación que la familia vivía mientras yo intentaba trabajar con el miedo de perder mi trabajo, sobre todo al ser un sostén fundamental en mi familia y más con la enfermedad de mi papá.

Cada día era como escalar una montaña. Desde las visitas al hospital, hasta las largas noches en casa, cuando el silencio se interrumpía solo por su respiración agitada. Me convertí en su cuidador, en su apoyo constante, y aunque físicamente estaba agotado, había algo en mí que no me permitía detenerme. Sabía que en esos momentos mi presencia era lo más importante que podía ofrecerle. Mi padre necesitaba medicamentos y asistencia, pero también necesitaba saber que no estaba solo.

Mi hermana Militza, por su parte, estaba encerrada en su casa, con mi cuñado y mis sobrinos. Los médicos de mi papá no permitían visitas en la casa por lo expuesto que tenía el sistema inmunológico en su estado. Recuerdo todas las veces que miré a mi hermana y a su familia desde la ventana de la casa o desde el porche, a lo lejos, y vi cómo mi papá, a pesar de «no tener contacto físico», recuperaba el ánimo y la alegría al verlos. Una vez me dijo mi papá: «Qué triste es vivir esta situación en los últimos años de mi vida, no quiero ser un estorbo. Qué lástima que la eutanasia solo sea legal en un estado de este país». Cuando escuché sus palabras no puedo negar que me quebré por dentro, y le dije: «Papi, por favor no digas eso. Tú no eres ningún estorbo para ninguno de nosotros. Tú eres el alma de esta familia, y hay que hacer lo que haya que hacer. Tú nos enseñaste que somos un bloque, cuatro en uno, y aquí estamos unidos para que tú salgas adelante». No voy a negar que le decía esas palabras desde mi corazón, pero muy adentro, lloraba en silencio sin mostrarle mi sentir, pues estaba claro el diagnóstico y el pronóstico de los médicos del Miami Cancer Institute. Era mi verdadera expresión de servicio y amor llevar eso en silencio frente a él y frente a mi mamá.

Nunca fui consciente del profundo significado de lo que hacía, pero cada gesto, por pequeño que fuera —un vaso de agua, acomodar su almohada, tomar su mano en medio de la noche, seguir sus conversaciones—, era un acto de amor. Al escuchar sus conversaciones empecé a darme cuenta de que divagaba y decía cosas sin sentido; veía el efecto de su enfermedad y de los medicamentos, que empezaban a desdibujar al hombre culto, sabio e inteligente que era mi papá. Me di cuenta de que cuidar de él no era solo un deber o una responsabilidad familiar, sino un servicio que me conectaba con él de una forma que jamás había experimentado. Era perdonarme y perdonarlo, era sanar cualquier grieta en mi corazón por el pasado. Este servicio de amor me llevó a limpiar esas heridas del resentimiento y culpa por lo que había sido, borrando cada mala palabra, cada imagen despectiva, cada grito y cada momento suyo cuando, sin saberlo, hizo cosas por las cuales yo sentí dolor. Recuerdo una noche que lo ayudé a sentarse en el borde de la cama —su cáncer de huesos no le permitía una movilidad suficiente para algo tan simple como sentarse—. Le acaricié el cabello, como cuando un padre consuela a su hijo, pero era al revés, el hijo cuidaba al padre, y me retumbó en la cabeza esa frase que siempre quise escuchar de él desde niño: *Eres el mejor hijo del mundo, tus cariños no tienen precio*. Ese fue el momento donde me perdoné y lo perdoné, dónde me reconcilié con mi papá. En cada mirada que intercambiamos en ese momento, en cada susurro de su aliento, había una entrega mutua, una especie de pacto silencioso que decía: *Estoy aquí para ti*.

Con el tiempo, mientras su cuerpo se debilitaba más, entendí que no solo lo estaba ayudando a sobrellevar su enfermedad, también lo estaba acompañando a enfrentar el final de su vida con dignidad.

La pandemia y la pérdida de mi papá

Al inicio de la pandemia, ya tenía más conciencia de lo que sucedía en mi vida. Descubrí mis limitaciones y mis talentos a través del proceso de ayuno intermitente y ya había vuelto a mi peso. El impacto negativo de la pandemia no afectó mi enfoque ni mi consistencia, y no sucedió porque elegí no repetir los patrones habituales del pasado.

No perdí el equilibrio interno y emocional que habitualmente me llevaba al placebo de la comida y el alcohol. Lo mantuve. Ahí entendí que había hecho un cambio de mentalidad a un nivel distinto al de los cambios temporales anteriores. Ya estaba en un camino más verdadero y seguía «de pie».

Estaba totalmente fuera de mi zona de confort, fuera de mi paz, en duelo anticipado por la futura pérdida de mi padre, pero en control consciente de mi comida y de mis nuevos hábitos, con los que podía manejar con mayor fortaleza el proceso emocional que vivía.

Lo grababa con mi teléfono en sus momentos lúcidos para tener presentes los mejores recuerdos de él. Y les confieso que a cuatro años de su fallecimiento no he podido ni ver ni escuchar esos videos y audios porque tengo miedo de conectarme con el dolor de esos tiempos. No lo dejaba solo nunca. Como no tenía memoria, le recordaba constantemente desde el amor que todo estaba bien. Recuerdo una anécdota: lo dejábamos ganar el juego del bingo para que tuviera momentos de alegría, y cuando cantábamos los números que necesitaba para ganar, verlo sonreír significaba todo para mí. Era como si se ganara la lotería. Escribo esto y no dejo de llorar.

Para el día del cumpleaños de mi mamá, el 21 de septiembre, ya habíamos comenzado paulatinamente a volver al estudio a trabajar en el programa. Ese día mi papá sufrió una crisis terrible, y mi jefa me dijo: «Rauli, vete a tu casa, tu mamá te necesita». Salí corriendo de Univision a mi casa, y cuando llegué, el escenario que vi no me gustó. Todavía tengo clavada en mi mente la imagen, pero prefiero no describirla aquí. Ese día tuvimos que moverlo del cuarto y organizar un minihospital en la sala de la casa por el tema de su movilidad. Tuvimos que hacer el trabajo de asistencia de cuidados paliativos en casa. Fueron diez días muy difíciles, pero el servicio de los enfermeros resultó magnífico. Fue darle la mejor atención que pudimos, hasta que él decidió trascender. Todos sus órganos se iban parando, todos se iban apagando, y lo último que funcionó fue su corazón. Falleció el 1° de octubre de 2020.

Después de su partida me di cuenta de que no solo había perdido a mi papá, sino la parte de mí que había estado cargando juicios, resentimientos y expectativas no cumplidas. Al cuidar de él en sus momentos más vulnerables comprendí que todo aquello se había disuelto en amor puro. La entrega que le brindé me permitió reconciliarme con cualquier sombra del pasado, entendiendo que ambos habíamos hecho lo mejor que pudimos con lo que sabíamos en cada momento.

Sanar significó permitirme sentirlo todo: el dolor, la impotencia, pero también la gratitud por haber tenido la oportunidad de cuidarlo y despedirlo con dignidad. Perdonar fue un acto de amor hacia él y hacia mí mismo. Fue reconocer que atrás de todo juicio existía simplemente el deseo de ser amado y comprendido. Al dejar ir todo resentimiento, me liberé. Y en esa libertad supe que él también estaba en paz.

El perdón que encontré surgió en ese proceso de reconciliación con él. Comprendí que aquello que nos había alejado —mi preferencia, lo diferente que veíamos la vida, no haber elegido el estudio y la profesión que él quería, no jugar béisbol como él había hecho o haber elegido la mención en humanidades y no en ciencias en mi escuela secundaria, entre tantas otras cosas que nos diferenciaban— no era más que una ilusión creada por mis propios miedos y juicios. En realidad, su amor y aceptación siempre estuvieron ahí, y verlo recibir mi amor con tanta gratitud me trajo paz. Yo había hecho todo lo posible para que estuviéramos juntos, y en ese tiempo entendí que yo no soy mi preferencia ni las diferencias.

Pude ver en sus ojos que todo había sido perdonado. Esa mirada llena de amor y aceptación me sanó profundamente. Comprendí que el verdadero perdón no era solo de él hacia mí, sino de mí hacia mí mismo. Mi autojuicio se liberó al darme cuenta de que soy más que cualquier etiqueta o preferencia. Soy amor y esencia. Soy el mejor ser humano que puedo ser con el estado de conciencia que he alcanzado, lo cual me permitió conectarme más con la esencia de mi Raúl niño. El niño perdonó al padre. Mi papá está y estará en mi corazón. Y sus cenizas en el santuario de la Virgen de Guadalupe.

Estuve un año yendo a visitarlo diario, hasta que una amiga me dijo: «Deja ir lo físico, porque él vive en tu corazón». Debo admitir que lo recuerdo todos los días. A veces voy en el carro, conduciendo, y le hablo y le pregunto cosas, y le pido guía y ayuda. Le pido que no nos abandone y que siempre le pida a Papá Dios que nos proteja a mamá, a Militza, a sus nietos y a mí.

Atravesé el proceso. Eso me fortaleció, y definitivamente Dios nos prueba en las dificultades. Lo más importante fue que esto me permitió entender mi amor propio, quererme como soy y reconocer al ser valioso que soy en esencia.

Inicio de mi transformación personal

En 2021 cumplí cincuenta años. Hay ciclos y etapas que nos marcan. Ese día empecé a preguntarme:

¿Qué estoy haciendo con mi vida?
¿Qué quiero para mi vida?
¿Me estoy poniendo como prioridad?
¿Sigo viviendo para los demás y de las opiniones de otros?

Desde que acepté mi preferencia he estado tranquilo y he abrazado mi paz. Aunque me sigue llamando la atención el morbo y cómo algunas personas sienten que tienen derecho a saber lo que ocurre entre mis cuatro paredes.

Mis personas cercanas me aconsejaban no salir del clóset, pero otro grupo me invitaba a salir del clóset de forma ruda, despectiva, demandante o grotesca, en tono de burla. Otros comentaban: «Si sales del clóset, tu carrera se va a acabar». ¿Acaso la condición sexual, las elecciones privadas de cómo alguien quiere compartir su intimidad te definen profesionalmente? ¿La sexualidad mide si eres talentoso o no?

Gordo, flaco, bajo, alto, calvo, melenudo, gay, lesbiana, exadicto, inmigrante, latino, de color, blanco… ante estas y cualquier otra diferencia o etiqueta que las personas o el sistema quieran imponerte, tengo una reflexión para ti:

El rechazo de otros no es un reflejo de mi dignidad,
sino de su falta de comprensión y amor.

No te permitas ser definido por opiniones.
Sé valiente, sé tú mismo.

No permitas que nadie te haga sentir menos.

Eres increíblemente especial.

Te mereces una vida llena de amor,
felicidad y orgullo.

Eres único, valioso y mereces ser amado
y respetado por ser quien eres.

Recuerdo una vez que iba andando en bicicleta, cuando mi papá estaba en el peor momento de su enfermedad. Tenía muchas preocupaciones por el tema familiar. Mi alma empezó a llorar. Era un llanto interno tan grande, con una sucesión de imágenes de mi infancia, de mi carrera, de mi vida en general, de las personas que han significado algo. Sentí un inmenso vacío que me hablaba: lo que me faltaba estaba dentro de mí.

Es una sensación absurda sentir que tienes todo y a la vez falta algo qué conectar con tu corazón o con tu sentido de vida. Debes entender que la vida y la felicidad no se pueden medir por lo que tienes, sino por lo que eres. No le preguntes a tu mente, pregúntale a tu corazón qué quieres y qué deseas.

En junio de 2022 hice el Camino de Santiago de Compostela. Estaba buscando paz. Quería hacer el camino y no me había atrevido, pero mi amiga y mentora María Antonieta Collins, habiendo hecho el camino un par de veces, me dijo que era un buen momento para hacerlo. Cuando comentaba que lo haría, las personas a mi alrededor me preguntaban: ¿con quién vas? O, ¿con qué grupo te vas a encontrar? Pero en el fondo quería estar solo.

Siempre le tuve miedo a la soledad y a los pensamientos recurrentes obsesivos debido a los temores sobre mi sexualidad y mi adicción a la comida. No estaba preparado para estar conmigo mismo. Sabía que la soledad siempre había sido un espejo de mis miedos más profundos, pero ese llamado al cambio llegó muy fuerte, y me dije: *Necesito un tiempo de paz.*

La travesía comenzó con el viaje de Miami a Madrid. Empecé el camino en Sarria. Me acuerdo de la primera noche. El hotel era como un castillo antiguo. Era el único huésped. La dueña era una dama. Todo era de madera y crujía. Sin aire acondicionado, con ventanas abiertas. Escuchaba el viento. Recé para dormir. Recuerdo la disciplina de levantarme temprano para caminar.

Al segundo día llegué al pueblo y, al irme a la habitación, no había aire acondicionado y pedí un ventilador. No había. Después de la cena cayó una tormenta y me tocó dormir así. Mi primera lección: ¿estás buscando comodidad? Pues adáptate a lo que hay.

En el tercer día caminaba, y volví la vista atrás. Tuve mi segunda toma de conciencia: *Espérate, deja de ver*, y me di cuenta de que necesitaba soltar el pasado. El camino, la vida, te lleva hacia adelante, pero ¿cómo seguir si mi energía estaba en el pasado? Como si de una meta se tratara: mirando las flechas, todo lleva a un lugar. La analogía es: *Raúl, deja de mirar el pasado, no puedes estar todo el tiempo mirando hacia atrás*.

A medida que continuaba el camino cobré conciencia de otras cosas: recuerdo que, al caminar, me tocaba la riñonera donde traía el dinero, siempre pensando que se me pudiera perder y no llevara dinero, y muchas veces dejé de disfrutar el proceso por miedo a perderlo. Dejé de vivir el presente y disfrutarlo por mi mentalidad de escasez.

Recuerdo que en una ocasión caminaba tan rápido, que me pasé del pueblo. Me preguntaba: *¿Dónde estoy?* Cuando me encontré a una persona y pregunté dónde estaba el hostal, me comentó: «Eso es en el pueblo anterior. Se pasó de ese pueblo hace cuarenta y cinco minutos». ¿A qué velocidad iría que no estaba presente? Así vivía mis días, con una impaciencia y una ansiedad que me nublaban la visión.

En el pueblo antes de llegar a Santiago me perdí buscando el hotel. Recuerdo que era domingo, y no pasaba ni un carro ni una persona. Me vi desorientado, sin rumbo, en medio de un lugar desconocido. La desesperación me invadió al no tener señal en el teléfono para llamar. Esa sensación de estar perdido se convirtió en una poderosa analogía de cómo me sentía en la vida: aunque tenía rutinas y metas claras, en mi interior me sentía perdido en el presente, desconectado de mí mismo, y aún más cuando pensaba en mi futuro.

Desesperado, me atravesé en la carretera y finalmente pasó un carro. La conductora, acompañada de sus hijos, me miró y dijo: «No estás tan lejos». Sus palabras resonaron dentro de mí como un mensaje claro. Muchas veces he tenido la respuesta justo frente a mí, pero mis emociones alteradas no me dejaron verla con claridad. ¿Cuántas veces un estado emocional turbado bloquea nuestra respuesta interna?

Finalmente llegué al hotel, donde me recibieron con mucho cariño. Comí, me aseé y me permití un momento de reflexión en Santiago. Fue entonces cuando entendí lo que el Camino me había enseñado: para recorrer la vida, hay que intentar estar ligero de equipaje. Porque si llevas tus culpas, tus dramas y tus miedos, nunca vas a poder caminar con tranquilidad. Me enseñó a soltar. Me enseñó a valorar el presente.

El Camino me conectó con la necesidad de escribir este libro, de contar mi historia. Mientras relato todo esto, siento un impulso genuino de volver a hacerlo. Y estoy seguro de que lo haré. El último día del Camino, mientras andaba, fue la única vez que me llovió. Esa lluvia se sintió como un bautismo, una bendición caída del cielo, un recordatorio claro de que no estamos solos. Dios me acompaña, y todo tiene una razón y un propósito. Cada experiencia de vida ha contribuido a mi toma de conciencia y a mi transformación.

Dios me rebautizó. Lo sentí a diario en mi contacto con la naturaleza, en los aromas y colores, y en el movimiento constante y perfecto de la creación. Dios vive en cada expresión de la vida. La inmensidad de Dios se manifiesta en cada detalle del mundo que nos rodea. Ese momento fue el fruto de muchos avances y retrocesos, de aprendizajes y perdones.

Al llegar al Hostal de los Reyes Católicos, sentado, disfrutando del momento, comprendí que el Camino me había enseñado simplicidad. Tengo lo necesario para vivir. No hace falta más.

Si realmente quieres darte permiso de alcanzar ese nivel de conexión y conciencia, haz el Camino de Santiago. No como una experiencia de turismo o en grupo, sino con la mirada de reconectarte contigo mismo, con tu esencia.

Descubrí mi propósito

Al regresar a Miami entendí algo de mí: estoy feliz en la televisión, sí, pero es un vehículo para cumplir mi propósito, que es entretener, hacer feliz, hacer que las personas olviden sus problemas por un tiempo, conectar a otros con el disfrute. Atrás de la televisión y atrás de esas frases hay un propósito mayor: y es mi *ikigai*. Se trata de un concepto japonés que significa «razón de ser» o «motivo para levantarse cada mañana». Encontrar el *ikigai* implica descubrir un propósito de vida que te inspire, te brinde satisfacción y te impulse a vivir con sentido y plenitud.

Quiero compartir contigo, que me lees, las preguntas del *ikigai* y mis respuestas para que entiendas y empatices con lo que sucede en mi corazón y con mi esencia cuando estoy en la televisión o en el teatro, o animando un Teletón. Me di cuenta de que las respuestas se repetían en las preguntas:

- ***¿Qué amo hacer?*** Comunicar, entretener, hacer reír, transmitir emociones, conectar, empoderar, inspirar, motivar, ayudar a que las personas sean felices. Me gusta dar soluciones a las personas. Amo compartir, servir a otros y dar.
- ***¿En qué soy bueno?*** En comunicar, entretener, hacer reír, transmitir emociones, conectar, empoderar, inspirar, motivar, ayudar a que las personas sean felices. En socializar. En crear una experiencia de bienestar para las personas. En compartir. En dar. En compartir mis ideas creativas.
- ***¿Qué necesita el mundo?*** Necesita alegría y paz. Necesita perdón. Necesita reír. El mundo necesita sentirse amado. Mi mundo es en parte el del inmigrante que llega a este país como yo, con miedos, sueños y emociones encontradas. Definitivamente quiero ser compañía para el que emigra.

Quiero que rías. Quiero que la mañana sea el momento favorito de tu día. Sin duda, la risa sana el dolor del alma.

- ***¿Por qué me pagan?*** Por levantarme a las 4:00 a.m. a hacer lo que más me gusta. Me pagan por lidiar con el estrés de la realidad de la televisión. Me pagan por los anunciantes y las marcas que represento y a las cuales doy una voz. Pero más allá de todo eso, me pagan por comunicar, entretener, hacer reír, transmitir emociones, conectar, empoderar, inspirar, motivar, ayudar a que las personas sean felices. Por crear una experiencia de bienestar a las personas. Por compartir. Por dar. Por compartir mis ideas creativas. *Es difícil ponerle un valor económico a la pasión de hacer lo que te gusta.*

Por eso, a pesar de las adversidades, de los problemas de alimentación, de los juicios personales por mi orientación sexual, de las pérdidas de las personas que amo, de los rumores de que sales o entras en televisión, que renuevas contrato o no… yo me levanto todas las madrugadas feliz de ir a hacer lo que voy a hacer: dar. Mi pasión está en manifestar mi propósito, mi *ikigai*. Quiero preguntarte algo ahora que me lees o me escuchas: ¿eres feliz con lo que haces todos los días en tu trabajo?

No quiero pecar de egoísta, pero descubrir que las cuatro preguntas del *ikigai* coinciden completamente en una sincronía única, me deja saber que Dios me dio el regalo de hacer lo que más me gusta:

Servir a otros desde el amor y el entretenimiento, y dar alegría a sus almas.

Y gracias al Camino de Santiago, a mi *ikigai* y a las experiencias de mi pasado, creé mi fórmula del éxito. Ojo, a cada quien le toca construir la suya, pero te comparto la mía:

Mi fórmula de las 4D: la clave del éxito

Hace años, en un gimnasio, leí una frase que se me quedó grabada y con el tiempo fui moldeando a mi manera. Decía algo así como que el éxito estaba en cuatro cosas: Dios, Deseo, Determinación y Disciplina. Cuatro palabras, cuatro pilares, cuatro pasos para cambiar una vida. Y aunque en ese momento no le di tanta importancia, con el tiempo me di cuenta de que esas cuatro «D» habían sido la clave de todo lo que he logrado. Te voy a contar cómo funcionan para mí y cómo las hice mías.

Dios: la fe en algo más grande

No importa en qué creas, lo importante es creer en algo. Yo lo llamo Dios. Para otros puede ser el universo, la energía, la vida o incluso la confianza en uno mismo. Pero todos necesitamos un punto de apoyo, algo que nos dé fuerza cuando las cosas no salen como queremos.

Dios ha sido mi refugio en los momentos más duros, en las noches de incertidumbre, en los días que sentía que no podía más. Tener fe no significa que todo te saldrá bien, pero sí te da la certeza de que, pase lo que pase, hay un propósito atrás de cada lucha.

Y te diré algo: cuando uno cree, las cosas empiezan a moverse. No porque sea magia, sino porque la fe te da la seguridad de que vale la pena intentarlo. Y cuando lo intentas con todo tu corazón, las oportunidades aparecen.

Deseo: el fuego que enciende el motor

Todos tenemos sueños, pero no todos se convierten en deseos ardientes. Y ahí está la diferencia. Un sueño es algo bonito que te gustaría que pasara; un deseo es algo que te quema por dentro, algo que no te deja dormir, algo por lo que estarías dispuesto a hacer lo que sea.

El deseo es el primer paso para cualquier transformación. Si no deseas algo con intensidad, no vas a moverte para conseguirlo. Y aquí viene lo bueno: nadie puede desear por ti. Nadie puede encender ese fuego dentro de ti. Es algo que solo tú puedes hacer.

Yo soñaba con estar en la televisión, con hacer teatro, con cambiar mi vida, pero no fue hasta que esos sueños se convirtieron en deseos urgentes que empecé a tomar acción real. Así que, pregúntate: ¿tu sueño es solo un pensamiento bonito, o es un deseo que te quema por dentro?

Determinación: la decisión de no rendirse

Aquí es donde mucha gente se queda. Porque una cosa es desear algo, y otra es tomar la decisión firme de ir por ello sin importar lo que pase. La determinación es lo que te hace seguir adelante cuando el camino se pone difícil, cuando aparecen obstáculos, cuando la gente no cree en ti. Es en ese momento cuando, aun si todo en tu interior quiere renunciar, tú dices: «No me rindo».

A mí me ha tocado enfrentar rechazos, miedos, inseguridades. Hubo momentos en que pensé tirar la toalla, pero la determinación me mantuvo en pie. Decidí que no me iba a quedar con las ganas, que no iba a ser de los que pasan la vida preguntándose: *¿Y si lo hubiera intentado?*

Aquí es donde tú decides qué tipo de persona quieres ser. De los que se rinden o de los que siguen.

Disciplina: hacer lo que tienes que hacer, aunque no tengas ganas

Y aquí llegamos al punto clave. Porque tener fe, soñar y decidir es importante, pero sin disciplina, nada de eso sirve. La disciplina es la reina de las 4D. Es la que separa a los que logran sus sueños de los que se quedan en el camino.

Porque te voy a decir la verdad: no siempre vas a tener ganas de hacer lo que tienes que hacer. Habrá días en que te sentirás cansado, desmotivado, sin inspiración. Habrá momentos en que la vida te ponga a prueba y te haga preguntarte si vale la pena seguir. Y ahí es donde entra la disciplina.

La disciplina es levantarte temprano aunque quieras dormir más. Es ir al gimnasio cuando preferirías quedarte en el sofá. Es escribir cuando no tienes inspiración. Es ahorrar cuando te gustaría gastarlo todo. Es hacer lo que hay que hacer aunque no te provoque hacerlo.

Y aquí está el truco: la disciplina no se negocia. Si te pones a negociar contigo mismo cada día, vas a perder. Porque el cerebro siempre buscará la comodidad. La disciplina es ese contrato que firmas contigo mismo, y que cumples sí o sí, sin excusas.

Mucha gente me dice: «Raúl, pero tú tienes mucha fuerza de voluntad». No. Lo que tengo es disciplina. Y la disciplina es un músculo. Se entrena. Cuanto más la practicas, más fuerte se vuelve.

Si algo he aprendido en esta vida es que todo se resume a la disciplina. Puedes tener fe, puedes soñar, puedes decidir que quieres algo con todas tus fuerzas, pero si no eres disciplinado, nunca lo vas a conseguir. Así que hoy te invito a que tomes esta fórmula y la hagas tuya. Dios, Deseo, Determinación y Disciplina. Si aplicas estas 4D en tu vida, te prometo que verás cambios. Porque no es magia, es simple lógica: lo que haces todos los días determina en quién te conviertes.

Y si me preguntas cuál es la clave para transformar tu vida, mi respuesta es esta: haz lo que tienes que hacer, aunque no tengas ganas. Todos los días. Sin pretexto. Sin negociar. Porque ahí, en esa constancia, está la verdadera magia. Construye con ella tu propia fórmula del éxito.

CAPÍTULO 10

Un día a la vez

Cada acción que tomas es un voto
por el tipo de persona en la que deseas convertirte.
—James Clear

Si al terminar este libro crees que ya resolví todos mis problemas... pues no.

No he resuelto todo. Todavía tengo días difíciles. Todavía hay momentos en que el miedo aparece, en que la duda me visita, en que el dolor quiere volver. La diferencia es que ahora elijo vivir de otra manera. Es una decisión que me cambió la vida, y no porque haya eliminado los problemas, sino porque me enseñó a caminar con ellos sin que me destruyeran. Esa decisión fue vivir un día a la vez.

Y sí, suena simple. Incluso puede parecer una frase de meme o de las que vienen en una taza de café. Pero a mí me salvó. Literalmente.

Antes me pasaba la vida corriendo. Corría del pasado, corría hacia un futuro que no sabía si llegaría. Me la pasaba con el corazón apretado pensando en lo que ya pasó y en lo que podría pasar. Me perdía en suposiciones, en miedos, en culpas, en escenarios que solo existían en mi cabeza. Y mientras tanto, el presente... se me escapaba.

«Un día a la vez», escuché en una reunión de los doce pasos.

Al principio no entendí el poder de la frase. Pero con el tiempo, y después de muchas caídas, comprendí que era la clave para no rendirme, para no perderme, para poder seguir.

¿Qué significa vivir un día a la vez?

Significa no exigirte tener todas las respuestas.

Significa aceptar que no tienes que resolver toda tu vida hoy.

Significa dejar de arrastrar lo que ya no puedes cambiar y soltar lo que todavía no ha pasado.

Significa, literalmente, vivir hoy. Solo hoy.

Hubo momentos en que me despertaba con un vacío en el pecho. Sentía que no podía con el día. Entonces me recordaba: *Raúl, no pienses en mañana. Concéntrate en hacer lo mejor que puedas hoy. Solo hoy.*

Y así lo hacía.

Un día a la vez comía mejor. Me levantaba, me hacía un desayuno sano y no me castigaba si el día anterior me había desbordado.

Un día a la vez dejaba de pelearme con lo que no entendía.

Un día a la vez perdonaba.

Un día a la vez lloraba lo que tenía que llorar.

Un día a la vez me hablaba con cariño, en lugar de con juicio.

Un día a la vez me repetía: *Esto también pasará.*

¿Y sabes qué? Pasaba.

Hay días en que no quieres levantarte. Días en que el cuerpo pesa, el alma duele y la mente te juega en contra. Vivir un día a la vez no es ignorar ese dolor. Es acompañarte con compasión. Es decirte: *Hoy no estoy bien, pero mañana será otro día. Y si mañana sigue doliendo, también lo viviré.*

Porque vivir así no es rendirse. Es resistir con amor, paciencia y mucha *fe*.

¿Te ha pasado que te sientes mal por estar triste? ¿O te castigas por no estar bien cuando «deberías» estarlo?

Bueno, te diré algo: no «deberías» nada.

Vivir un día a la vez también es darte permiso. Para sentir. Para descansar. Para equivocarte. Para empezar de nuevo. Las veces que haga falta.

Yo sé lo que es vivir con miedo.

Yo sé lo que es ponerse una sonrisa falsa para que nadie sospeche que por dentro te estás rompiendo.

Yo sé lo que es vivir con ansiedad, con culpa, con la necesidad constante de tener el control.

Y también sé lo que es soltarse. Respirar. Confiar.

Hoy, si tengo un mal día, no me castigo. Me digo: *Raúl, hoy fue difícil. Pero mañana es otra oportunidad.*

Vivir un día a la vez es confiar en que cada amanecer es una nueva página. Que no necesitas tener la historia completa. Que a veces solo basta con dar el siguiente paso. Uno. El que puedes dar hoy.

¿Te das cuenta de cuánta presión nos ponemos encima?

Queremos tener resuelto el trabajo, la salud, el cuerpo, la pareja, la familia, el dinero, el propósito... todo, ¡y todo al mismo tiempo!

Eso agota. Eso paraliza.

Pero si bajas la velocidad... Si respiras... Si te haces presente... Y te preguntas simplemente: *¿Qué puedo hacer hoy para estar un poquito mejor?*

Ahí empieza el cambio.

Vivir un día a la vez también me ha enseñado a disfrutar más. A darme cuenta de lo que sí tengo. A agradecer. A no posponer la vida. A decir «te quiero» ahora. A reír sin culpa. A comer sin ansiedad. A mirar el cielo. A estar.

Porque eso es lo que tenemos: este momento. Nada más.

Quiero compartir contigo algunas de las frases que me repetía (y me repito aún) cuando sentía que no podía más:

- No tienes que resolverlo todo hoy.
- Haz lo que puedas. Con eso basta.
- No estás solo.
- Respira.
- Esto también pasará.
- Hoy es suficiente.
- No te vayas al pasado, no te adelantes al futuro.
- Solo por hoy.
- Un paso a la vez. Un respiro a la vez. Un día a la vez.

Si este capítulo logra que, al menos por un día, te trates con más amor; si logra que pongas tu atención en lo que hoy puedes hacer por ti; si te ayuda a salir del caos mental y volver al presente, entonces habrá cumplido su propósito. Yo no soy un maestro. No tengo la vida resuelta. Pero tengo algo valioso que quiero regalarte: la posibilidad de vivir *sin* la carga de todo lo que fue y todo lo que podría ser.

Hoy estoy aquí. Vivo. Aprendo. Agradezco. Me caigo. Me levanto. Sin prisa. Sin castigo. Solo un día a la vez.

Y tú también puedes hacerlo.

Empieza hoy. Solo por hoy.

La reconciliación

Después de años de batalla, de altibajos, de lágrimas y triunfos, finalmente llegué a un punto de inflexión en mi vida. Miré hacia atrás y vi el largo camino recorrido, lleno de desafíos y aprendizajes, pero también de crecimiento y transformación. A través de la lucha contra la gordura aprendí lecciones profundas que me han llevado a reconectarme con mi historia, mi cuerpo y mi amor propio de una manera que nunca antes había experimentado. Aprendí a reconciliarme con mi pasado.

Descubrí que la verdadera transformación va más allá de los números en la balanza o el tamaño de la ropa. Se trata de aceptar y amar cada parte de mí mismo, incluso las cicatrices emocionales que llevé ocultas durante tanto tiempo. Aprendí a honrar mi cuerpo como el santuario que es, agradeciéndole por todo lo que ha pasado y por todo lo que es capaz de hacer. Ya no lo veo como un enemigo al que debo vencer, sino como un aliado en mi viaje hacia la plenitud y la salud integral.

El proceso de aprender a comer de manera consciente y saludable fue un viaje en sí mismo, lleno de descubrimientos y experimentación. Descubrí el poder de los alimentos frescos y nutritivos para nutrir tanto mi cuerpo como mi alma. Aprendí a escuchar las señales de hambre y saciedad de mi cuerpo, en lugar de seguir las dictaduras de las dietas restrictivas y los ciclos interminables de ingesta emocional.

El proceso de aprender a aceptarme y honrar mi preferencia sexual fue una aventura que está ligada a mi falta de autoestima y al miedo al rechazo. Descubrí que la comida era el placebo de agredir mi cuerpo, de agredir mi alma por mi autorrechazo. La decisión de someterme a una cirugía de estómago fue una elección difícil, pero también fue un paso valiente hacia una vida más plena y saludable. Aprendí que el verdadero coraje no reside en la ausencia de miedo, sino en la capacidad de enfrentarlo y seguir adelante a pesar de él. Acepté que pedir ayuda no era un signo de debilidad, sino de fortaleza y autoconocimiento. La verdadera cirugía no fue la del estómago, sino la de mis juicios.

En el camino hacia la reconciliación con mi vida, también tuve que enfrentar mis temores más profundos y liberarme de los juicios autoimpuestos que me habían retenido durante largo tiempo. Aprendí a perdonarme por mis juicios y a abrazar la vulnerabilidad como una fuente de fuerza y crecimiento. Descubrí que el verdadero amor propio no es sobre ser perfecto, sino sobre ser auténtico y compasivo conmigo mismo en cada paso del camino.

A través del dolor y la adversidad, encontré paz en el conocimiento de que soy suficiente tal como soy. Encontré belleza en mis imperfecciones y fuerza en mis cicatrices. Aprendí a abrazar mi autenticidad y a vivir en congruencia con mis valores y mis sueños más profundos. Descubrí que la verdadera felicidad no reside en la búsqueda constante de la aprobación de otros, sino en la aceptación incondicional de uno mismo y en el cultivo del amor propio.

No soy mi cuerpo, no soy mi preferencia sexual, no soy mis comportamientos y juicios. Lo que soy es algo mucho más grande, y lo descubrí al aceptarme y amarme. Y así, con el corazón lleno de gratitud y el espíritu renovado, sigo adelante en mi viaje hacia la plenitud y la realización. Con cada paso que doy me comprometo a honrar el regalo de la vida y a vivir con integridad y propósito. A través del amor propio y la perseverancia sé que puedo enfrentar cualquier desafío que la vida me depare y encontrar la paz y la alegría en cada momento presente.

Escribí este poema, y me lo repito al mirarme al espejo:

En el espejo, encuentro mi reflejo,
un guerrero cansado, pero de pie.
Cicatrices de batallas pasadas,
marcas de una historia por contar.

Aprendí a amar mis imperfecciones,
a abrazar mis heridas con compasión.
En cada lágrima derramada
encontré fuerza para seguir adelante.

El camino hacia el amor propio es largo,
lleno de giros y vueltas inesperadas.
Pero con cada paso que doy,
encuentro la paz en mi verdad.

Así que levanto la cabeza con orgullo,
con el fuego del amor propio ardiendo dentro.
Porque sé que, en la lucha por mi aceptación,
encuentro mi esencia y mi luz.

Carta para ti

Si llegaste hasta aquí, gracias.

Gracias por leerme, por acompañarme, por abrir tu corazón a mi historia. No sé si nos parecemos, no sé si vivimos los mismos dolores o las mismas batallas, pero si algo de lo que conté en estas páginas resonó contigo… entonces ya no estamos solos.

Este libro fue mi manera de liberarme, de sacarme del pecho lo que durante años me pesaba, de hablar con la verdad aunque doliera, aunque temblara, aunque me costara.

Porque entendí que la única forma de sanar es dejar de esconderse.

Que la única manera de vivir en paz es vivir en verdad.

Y que la verdad —mi verdad, tu verdad, la de todos— merece nacer, crecer y sacudirse, y si ha de morir algún día, que sea de pie.

Hoy sé que no hay fórmula perfecta para vivir. Pero hay un camino que a mí me ha servido, y por eso te lo comparto:

Vive un día a la vez.
No te apures. No te exijas más de la cuenta. No te castigues.
Haz lo que puedas con lo que tienes.
Y si mañana te caes, no importa.
Te levantas. Respiras. Y empiezas otra vez.

Un día a la vez no es resignación. Es sabiduría. Es amor propio. Es coraje. Es la decisión de no dejarte vencer por lo que no puedes controlar.

Así que, si alguna vez sientes que no puedes más, si la tristeza te pesa, si el miedo te detiene, si el pasado te atrapa o el futuro te paraliza…

Regresa al presente.

A este instante.

A este respiro.

Y recuerda que, mientras vivas con verdad, aunque tiemble todo a tu alrededor.

La verdad muere de pie, y tú también puedes caminar así.

De pie.

Presente.

Vivo.

Un día a la vez.

Con todo mi corazón,

RAÚL

Galería

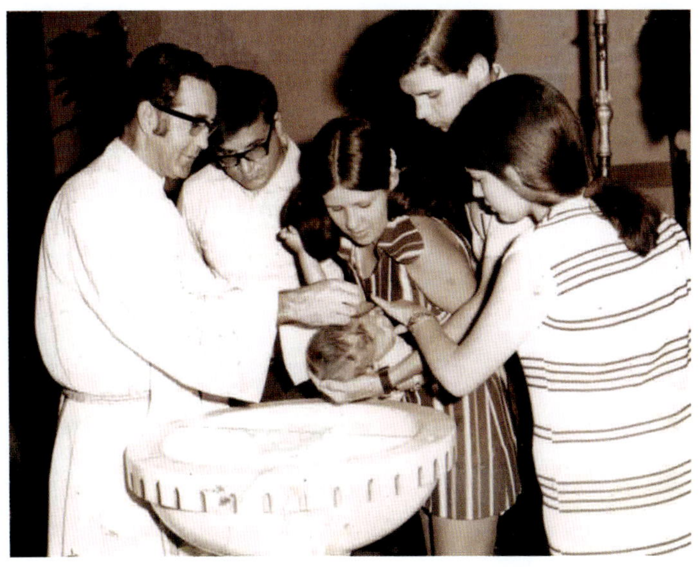

Mi bautizo en la iglesia de Nuestra Señora del Rosario, acompañado de mis padres y mis padrinos.

En el balcón de mi casa, tomando el sol, utilizando los audífonos de mi padre, y ya dando señales de mi pasión por la radio y la música.

Visitando a la tía Flor, junto a mis padres, en la urbanización El Marqués, en Caracas.

Una tarde en el columpio de un parque en Colinas de Vista Alegre.

Primera foto familiar. Tipo estudio. Yo, sin un diente.

Mis padres en la sala del apartamento donde viví los primeros 21 años de mi vida.

Interpretando el papel de León Cobarde de la obra *El Mago de Oz* en el Teatro César Rengifo. Caracas, Venezuela.

Mi primera comunión en la iglesia de Nuestra Señora del Valle, ubicada en la calle 4-A de Vista Alegre. Caracas, Venezuela.

Cargando a mi hermana Militza, jugando en el cuarto. Momento captado por la cámara de mi padre.

En el programa *Chamokrópolis* de la cadena Televen.

Grabando en Universal Studios Florida junto a Frankenstein para el programa *Superkrópolis*. Producción independiente transmitida por Radio Caracas Televisión, Venezuela.

En el carro de la famosa película *Back to the Future* (*Volver al futuro*) en Universal Studios Florida, para el programa *Superkrópolis* de Radio Caracas Televisión, Venezuela.

Mi primer viaje de visita a Venezuela, luego de haberme convertido en residente permanente de Estados Unidos, gracias a la lotería de visas.

Mi primer trabajo como repartidor de pizzas para la pizzería A1. Una etapa de mi vida que me enseñó mucho, y no podré olvidar jamás.

Una de mis tantas caracterizaciones en el programa *Chamokrópolis*: el cocinero que preparaba recetas sencillas para los niños.

Una caracterización que disfruté mucho: *El Gato Bird*. Una obra infantil, representada en el famoso Teatro Chacaito de Caracas.

Jugando a ser camarógrafo en el programa *Superkrópolis*, que se transmitía de lunes a viernes desde el icónico Teatro La Campiña en Caracas, Venezuela.

Foto formal como presentador del programa *Despierta América*. Esta imagen es muy especial porque representa lo que visualizaba en mi mente, y se logró.

Foto familiar de Navidad en la sala de mis padres en Miami, Florida.

Sonrisas que despiertan cada mañana… Este equipo hace que todo valga la pena. Gracias a mi familia de *Despierta América* (foto: Cortesía *Despierta América*).